CÓMO SER INTERESANTE

JESSICA HAGY

CÓMO SER
INTERESANTE

(En 10 simples pasos)

AGUILAR

Cómo ser interesante
D. R. © Jessica Hagy, 2014

Título original: *How to Be Interesting?*
Publicado en Estados Unidos por Workman Publishing Company, Inc.

De esta edición:
D. R. © Santillana Ediciones Generales, S.A. de C.V., 2014.
Av. Río Mixcoac 274, Col. Acacias
México, D.F., 03240
www.librosaguilar.com/mx
t: @AguilarMexico
f: /aguilarmexico

Traducción: Alejandra Ramos

Primera edición: febrero de 2014

ISBN: 978-607-11-3106-5

Ilustraciones: Jessica Hagy

Impreso en México

PRISA EDICIONES

Para Tyrel

(la persona más interesante que conozco)

ÍNDICE

¿Por qué ser interesante?

⭐ Para limitar tus arrepentimientos.

⭐ Para tener auto-respeto.

⭐ Para eliminar
el aburrimiento.

⭐ Para dejar
una marca,
no una mancha.

⭐ Y básicamente,
porque puedes.

Empezamos

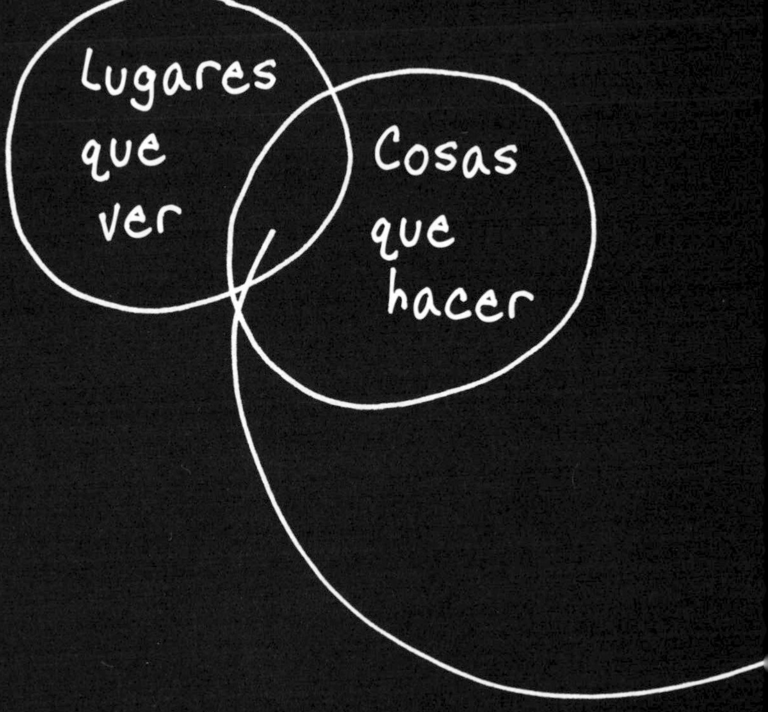
Lugares que ver
Cosas que hacer

Explora

Explora ideas, lugares y
opiniones. Todas las personas
aburridas se reúnen dentro
de la cueva llena de eco.

Tú

Ellos

HABLA CON

Humanidad

EXTRAÑOS

Nadie ha visto exactamente lo que tú has visto.

Nadie ha ido a los mismos lugares que tú has visitado.

Nadie se siente como tú.

Averigua por qué.

Tira los dados

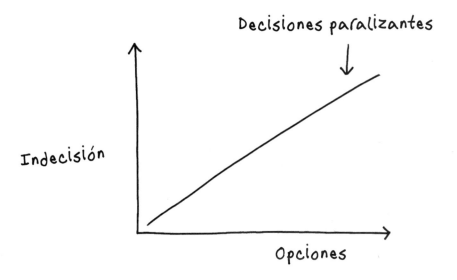

Decisiones paralizantes

Indecisión

Opciones

¿Qué tan lejos ir? Tira los dados. ¿Siete? Siete cuadras serán. ¿Tomar el tren? Si sacas número par, compras el boleto. Un par de dados pueden llevarte, prácticamente, a cualquier lugar y ahorrarte tiempo en decisiones sin importancia. Guárdalos en tu bolsillo. Harán las cosas siempre interesantes.

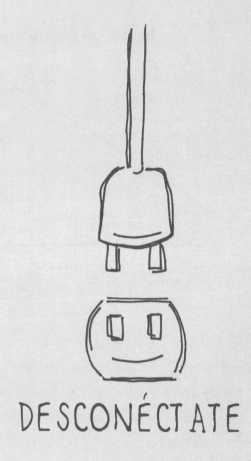

DESCONÉCTATE

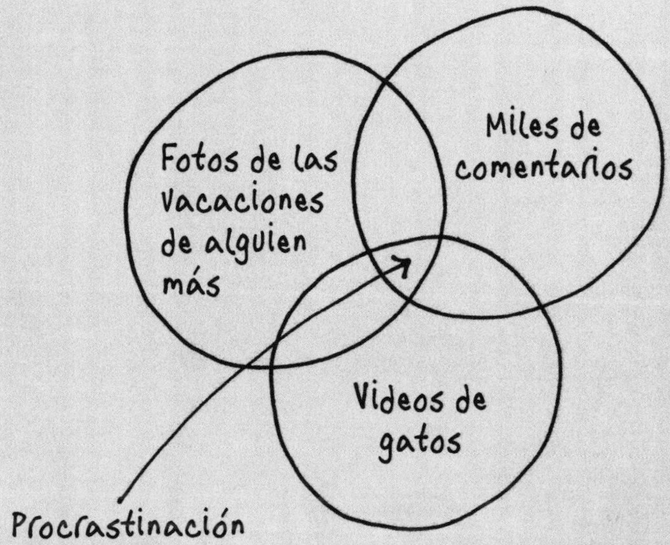
Fotos de las vacaciones de alguien más
Miles de comentarios
Videos de gatos
Procrastinación

Sin un mapa puedes encontrar lugares inexplorados. Desconéctate, que nadie te encuentre; habla con la gente que te topes en tu viaje. Piérdete noticias de los demás y, mejor, descúbrete a ti mismo. Tus gadgets te están atando a un mundo que conoces demasiado bien.

Apágalos. Explora nuevos lugares.

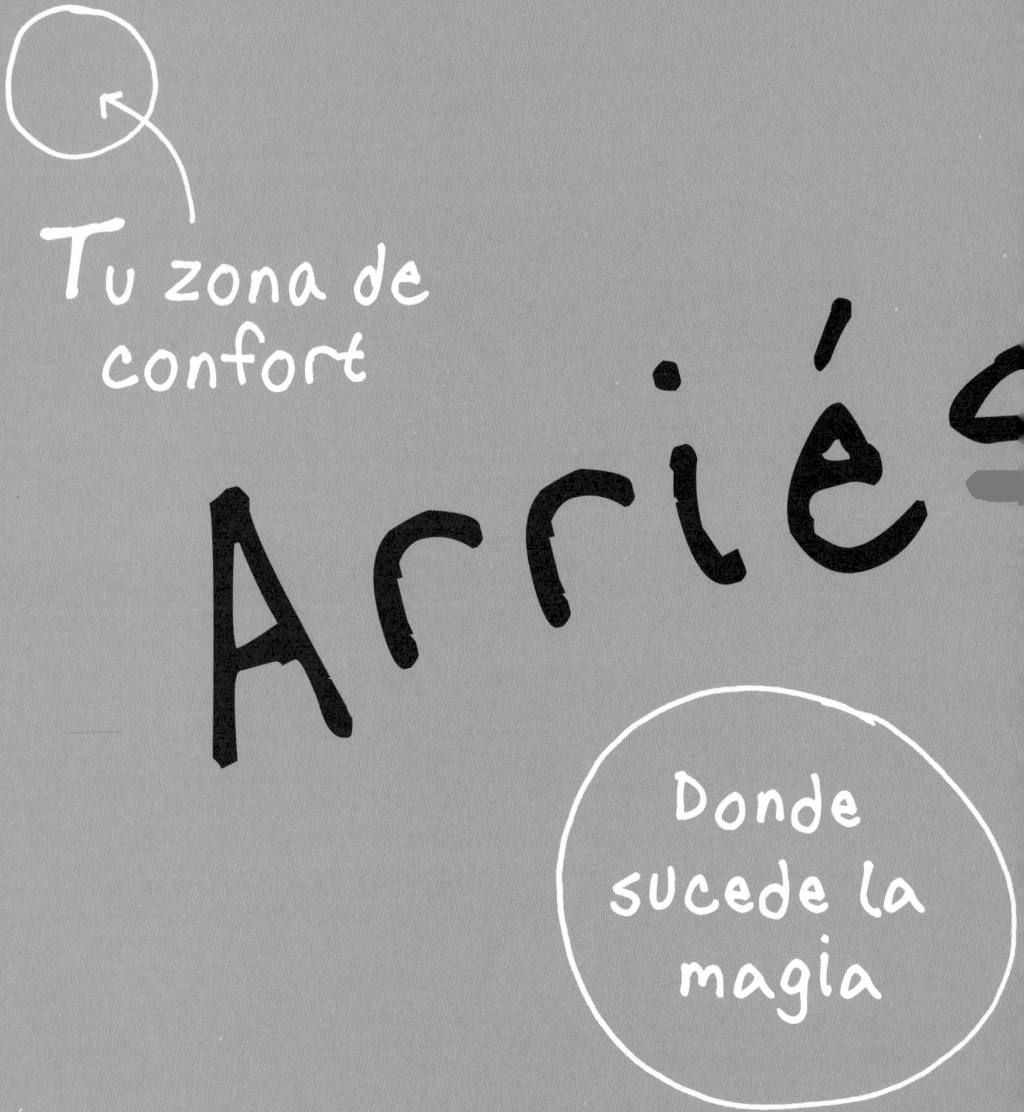
Tu zona de confort
Arriés
Donde sucede la magia

gate...

A la vergüenza.

Al ridículo. A los riesgos.

A eventos y condiciones extrañas.

A IDEAS LOCAS.

A cosas que te den escalofríos.

A vistas extrañas y sonidos nuevos.

Confía.

Te vas a divertir.

JUEGA AL ABOGADO

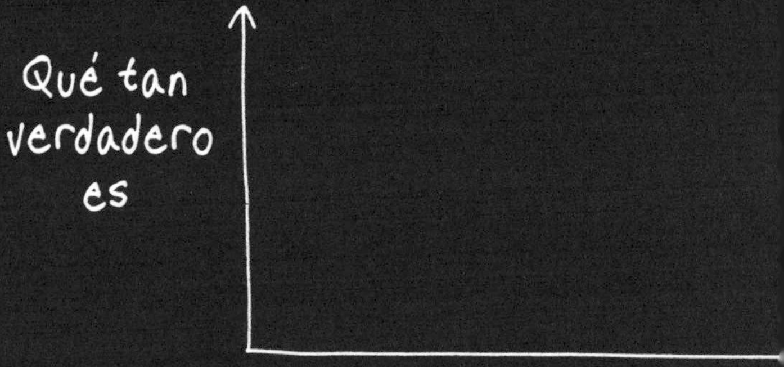
Qué tan verdadero es

Haz exactamente lo opuesto a lo esperado. Defiende a los culpables. Cuestiona a los puros. Descubre qué hechos son opiniones y qué opiniones son en realidad hechos. Hay muchos lados para una misma historia, y todos deben contarse.

DEL DIABLO

La gente que lo cree

⭐ Mitos, publicidad, promesas políticas y leyendas urbanas

TOMA
VACACIONES
diario

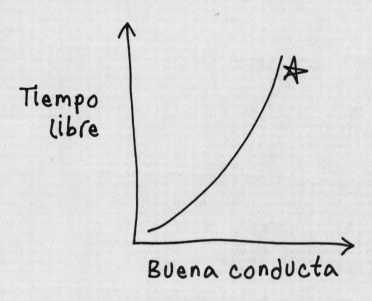

Tiempo libre

Buena conducta

☆ Libertad condicional y vacaciones

Aunque sea por dos minutos. Camina en la madrugada, cuando la luz del sol es plateada. Deja tu correo en un buzón diferente. Lee revistas mientras lavas tu ropa en la lavandería de autoservicio. Báñate en la oscuridad. Bebe chocolate caliente en un callejón escondido.

Reclama tus momentos libres.

Antropología

Conviértete en un

Aprende

Escucha a escondidas

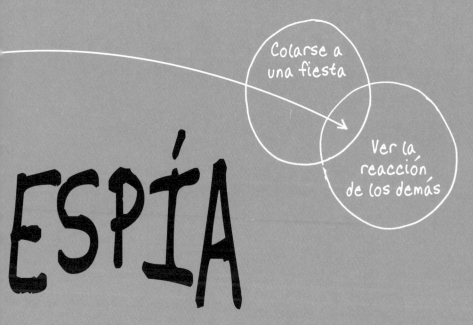

Colarse a una fiesta

Ver la reacción de los demás

ESPÍA

Mira a la gente. Escucha a escondidas. Espía. Deambula. Oye. Aprenderás los códigos secretos de los demás.

Haz de cada día una misión de reconocimiento INTERESANTE.

Prueba todos los sabores

Concierto en vivo

Vista

Oído

Alarma de incendios

Olfato

Tacto

Saborea

El cuello de tu pareja

Gusto

Intuición

Estilo

Abre tu boca y no digas nada, sólo observa. ¿A qué sabe el rocío de la mañana? ¿Qué olor define tu trayecto cada día? ¿El detergente de alguien más te recuerda a tu infancia? ¿Por qué todos los aeropuertos huelen igual?

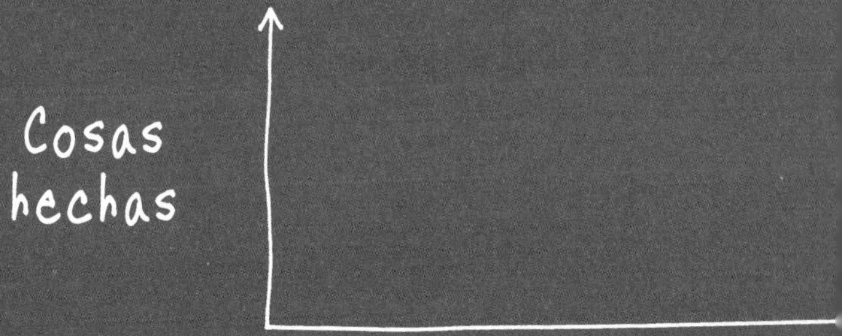
Cosas hechas

CAMBIA tus

Despierta antes de que suene la alarma. Róbate el tiempo entre semáforos e inventa poemas. Escápate a un lugar oscuro desde donde puedas ver la luna, en vez de ver una pantalla brillante.

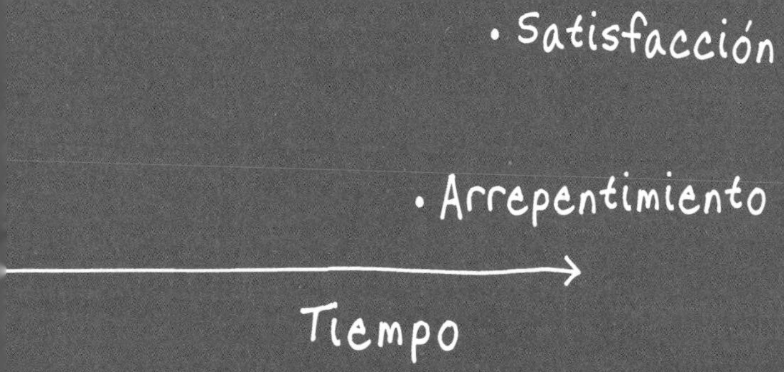
Satisfacción
Arrepentimiento
Tiempo

horarios

Trabaja de noche y juega de día.
Haz espacio para esos sueños que has dejado de lado.

Siempre hay tiempo para explorar.
Tú decides cuándo te lo das.

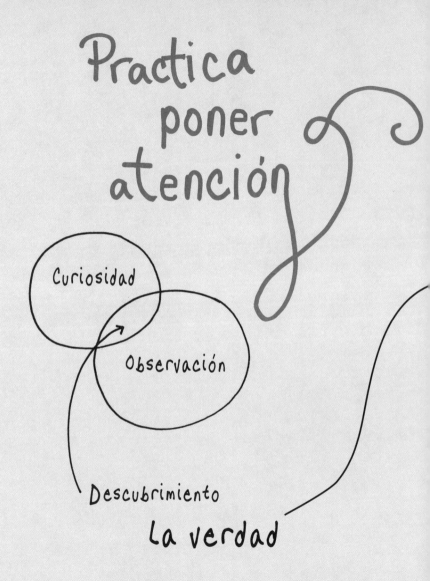

Practica poner atención

Curiosidad

Observación

Descubrimiento

la verdad

Sutileza
Detalle
Matices

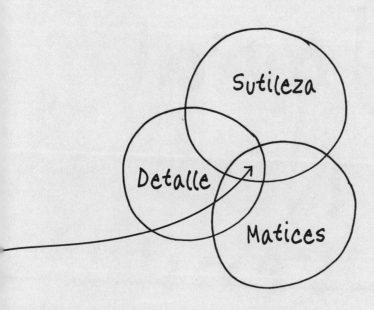

Un letrero desteñido. Un parche en el ojo. Un candado oxidado. Una fotografía rota a la mitad. Una llanta ponchada. Una cicatriz pequeña. Una taza derramada. Una pausa cuando alguien menciona el nombre de tu pareja. Cada detalle cuenta una historia. Cada cuarto tiene un millón de detalles. Búscalos.

Encuentra las historias interesantes.

Jovial NO juvenil

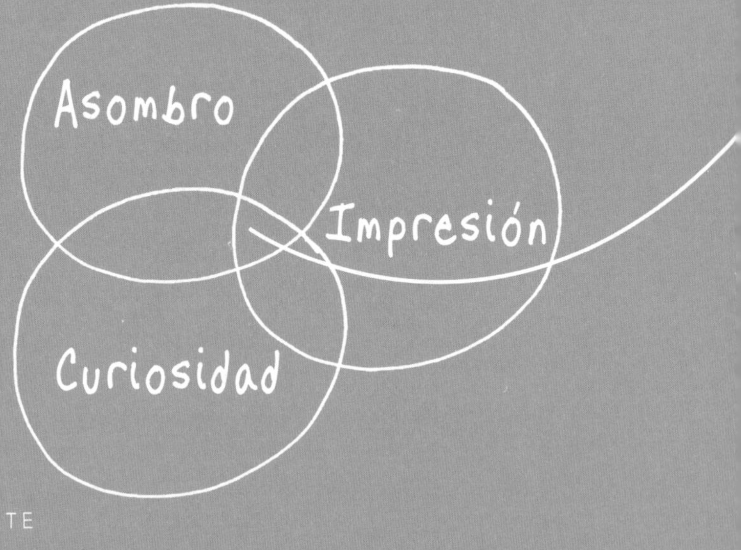
Asombro
Impresión
Curiosidad

Deteriorado
por muchos salones,
cubículos y
reality shows.

Mira con los ojos abiertos.
Recuerda lo increíble que era el
mundo antes de que aprendieras
a ser cínico.
Ve las cosas geniales.
Las cosas desastrosas.
Las cosas chistosas.
Menos MAL HUMOR.
Más ASOMBRO.

Sigue PREGUNTANDO POR QUÉ

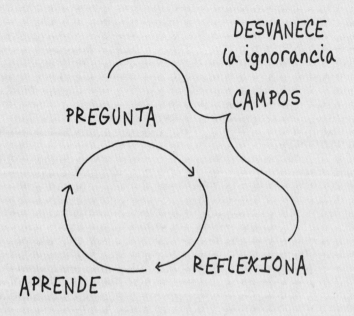

DESVANECE
la ignorancia

CAMPOS

PREGUNTA

REFLEXIONA

APRENDE

Los padres odian cuando los niños lo hacen.

¿Por qué? Porque sí.

¿Por qué? Porque sí.

¿Por qué? Porque sí.

Y sigue, y sigue... Pero inténtalo. Te sorprenderás de lo rápido que un simple "*¿Por qué?*" puede convertirse en un fascinante "*Porque*".

Inteligente
Compartido
Tonto
Encontrado

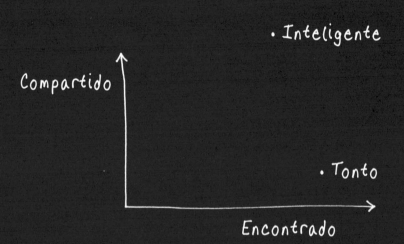

Comparte lo que descubres

Y sé generoso cuando lo hagas. No todos pueden explorar como tú.

Deja que los demás vivan indirectamente a través de tus aventuras.

Polinización

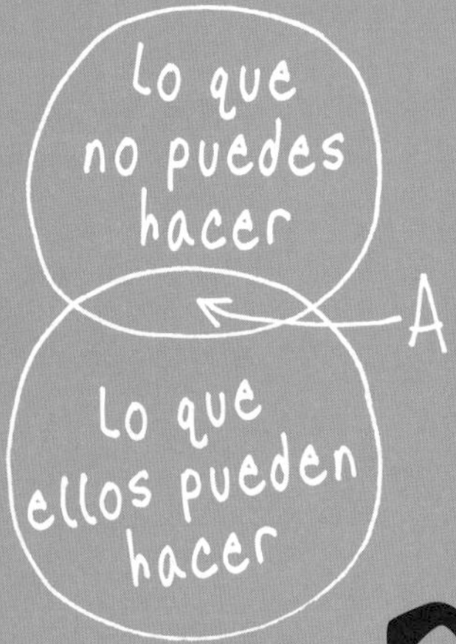
Lo que no puedes hacer
A
Lo que ellos pueden hacer

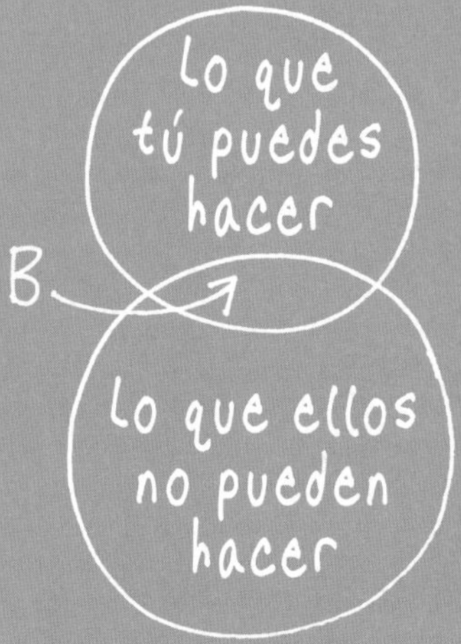
Lo que tú puedes hacer
B
Lo que ellos no pueden hacer

A+B = ¡Fuerzas combinadas!

cruzada

Tú tienes algo, una especialidad,
un truco único.
Pero todos los demás también.
No sólo te juntes con quienes
hacen lo mismo que tú. Busca a
aquéllos con pasiones
diferentes. Podrás tener
experiencias exponencialmente
mejores.

EMPIEZA

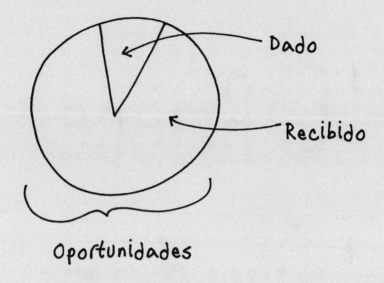

Dado

Recibido

Oportunidades

No esperes a mañana.

Dilo, hazlo o empieza ahora. Ve a donde tengas que estar. No esperes que te inviten. Haz tus propias fiestas. No te sientes esperando a que suene el teléfono. Levántalo, pasa el chisme. Pica los botones. Compra los boletos, ¡disfruta del espectáculo!

Ofrece ayudar

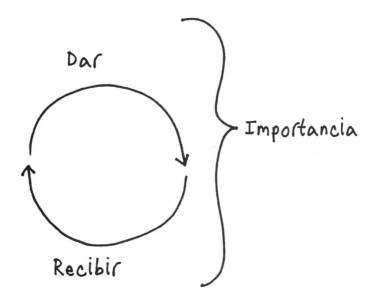

Dar

Recibir

Importancia

Lo que tienes vale mucho. Busca a la gente que lo necesita. Debes saber lo que puedes hacer y asegurarle a los demás que estás dispuesto a hacerlo. Te van a apreciar y a recordar. Tu tiempo, tus talentos, tus cualidades. Un lugar en tu mesa. Una taza de azúcar. Un par de calcetines limpios.

El mundo necesita lo que sea que tengas.

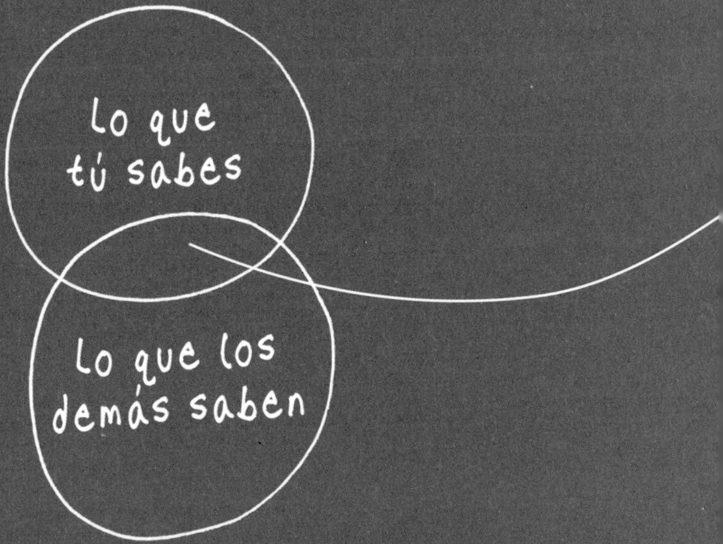
Lo que tú sabes
Lo que los demás saben

Manifiesta

Menos de lo
que piensas

LO OBVIO

Lo que tú sabes, muchas veces es un misterio para los demás. Tu conocimiento viejo es una nueva lección para alguien más. Una labor fácil para ti es una tarea imposible para otro. Tu mente está llena de tesoros que nadie más ha visto. Pásalos, comparte. Una idea compartida no es disminuida: se multiplica.

No seas

TU
VOZ

Saluda en vez de voltear la cara.

Deja tu perspectiva en donde los demás puedan

encontrarla. Pega tu trabajo en la ventana, no

en el sótano.

tímido

Apreciado

Diferente

Valioso

Las conversaciones comienzan con pequeños pasos para acercarnos los unos a los otros.

INVITA MÁS DE LO QUE R.S.V.P.

Razones para ser recordado (eje vertical)

Cosas que haces que sucedan (eje horizontal)

✷ Drama, comedia, tragedia y fiestas

Trae a los demás a tu mundo. Déjalos jugar en tu lugar favorito. No esperes invitaciones si puedes ser tú quien invita a los demás. Todo puede suceder siempre y cuando haya una persona con la que puedas compartirlo.

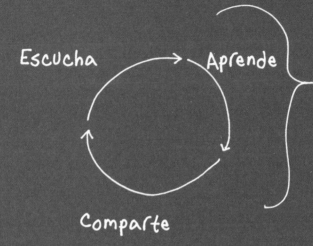

Escucha → Aprende

Comparte

Sé un puente,

Así se hacen las noticias

no una orilla

No sólo hables. No sólo escuches. Introduce. Presenta extraños. Pasa a los demás lo que sabes. Así es como las ideas se convierten en eventos. Tú puedes ser el punto de apoyo sobre el que gira una comunidad.

DA CUMPLIDOS

Liberalmente

Fe en la humanidad
Hazle el día a alguien
Cumplidos de extraños
Libre
Valioso

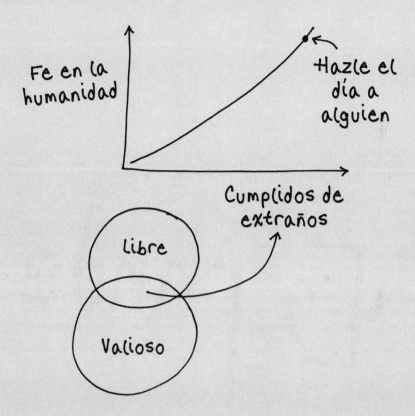

Las palabras de aliento son valiosas y no cuestan nada; es sorprendente que sean tan raras. Elogia lo que disfrutas. Felicita a quien sobresale de formas nuevas. Hazlo públicamente y con suficiente frecuencia.

Todos necesitan más porras.

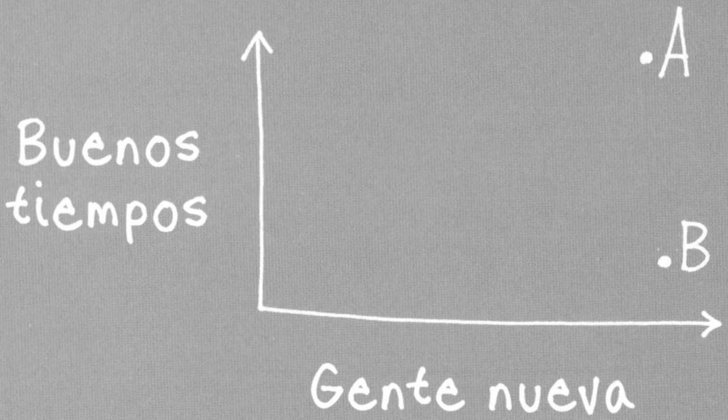

A
B
Buenos tiempos
Gente nueva

Expande

A = El Grupo

B = La Morgue

el Grupo

Nunca quites el tapete de bienvenida.

Ten la puerta abierta.

Siempre ten espacios para invitados sorpresa;

nunca sabes quién puede llegar.

Pueden ser geniales. O... pueden no

ser tan geniales.

Con buena suerte, serán interesantes.

Ten la iniciativa

Preséntate

Sólo estás a una llamada, una carta, un mensaje de texto, un correo, un "¡Qué onda!", lejos de todos los demás. Sí, de todos.

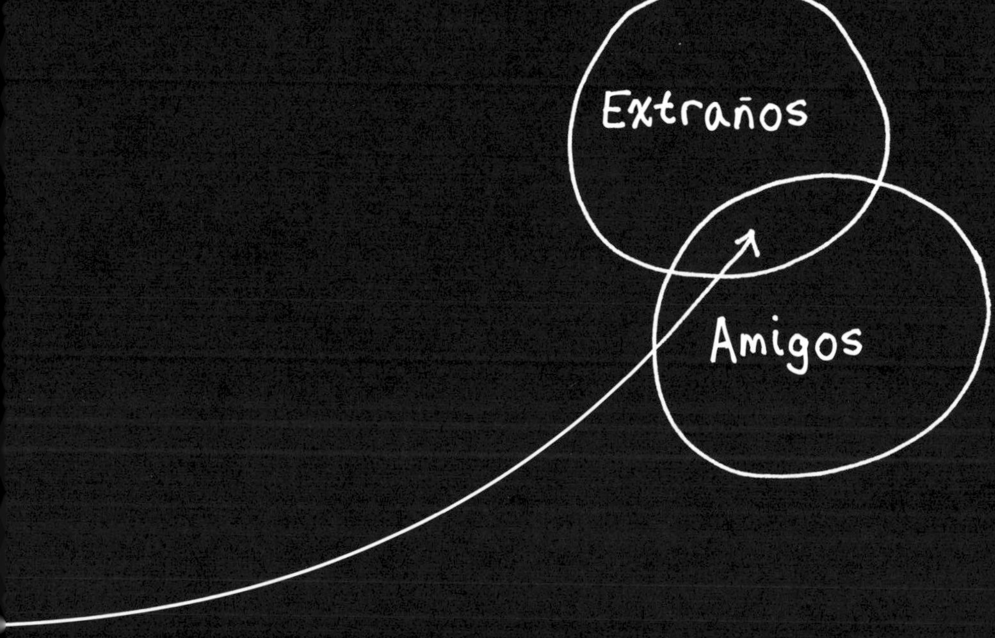
Extraños
Amigos

La gente que admiras, que te inspira y que te impresiona, la gente a quien quieres, o quien te gustaría querer más... todos son asequibles.

Eso da miedo y reconforta al mismo tiempo, ¿no?

HABLA

En tu mente y en tu corazón

Conexiones

Conversaciones

¿De qué habla la gente? ¿Amor? ¿Pérdida? ¿El clima? ¿La magia? ¿Lo mundano? ¿Qué nombre le dan a sus regiones bajas? El simple acto de conversación puede juntar a las personas y exponerte a temas interesantes. Así que, cuando puedas, sé tú quien empiece las conversaciones.

Dale tu propio giro

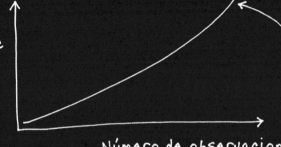

Originalidad de tus opiniones

Número de observaciones

Evidencia de pensamiento crítico

Tú ves y evalúas.

Tú lees y reflexionas.

Es la naturaleza humana: interpretamos la información conforme la absorbemos.

a las cosas

Aventuras

Libros

Música

Alimento para tus diatribas

Las opiniones bien construidas suman al artefacto original.

Comer
Dormir
Ver tele
Por eso estás TRISTE

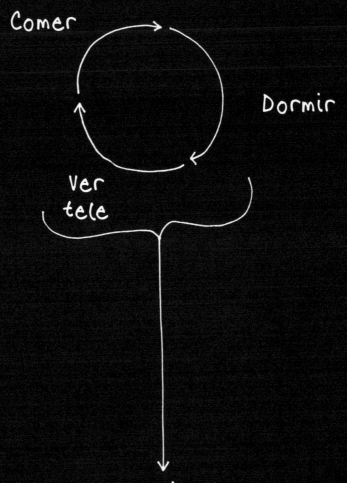

Haz algo, LO QUE SEA

Baila. Habla. Construye. Conéctate. Juega. Ayuda. Crea. No importa lo que hagas, mientras lo estés haciendo. Quedarte sentado y quejarte no es una forma aceptable de "algo", en caso de que te lo preguntaras.

VE

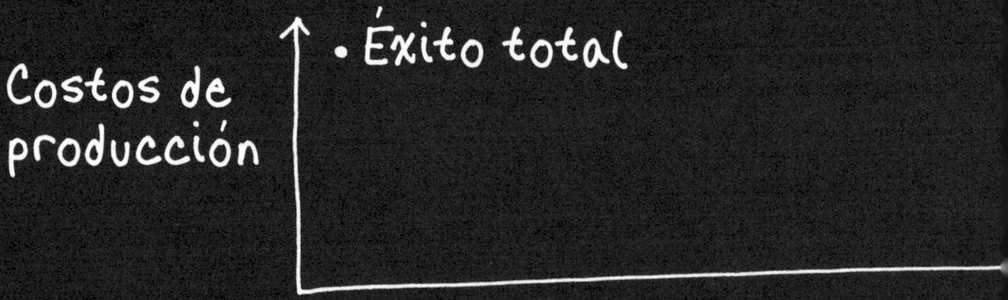
Éxito total
Costos de producción

La vida real siempre está en 3-D. Siempre está en alta definición. Afuera es donde puedes hallar a la gente fascinante y vivir las cosas increíbles.

AFUERA

.Horizonte

. Atardecer

$\longrightarrow$

Sentido de asombro

Es donde encontrarás lo que sea que
estés buscando.

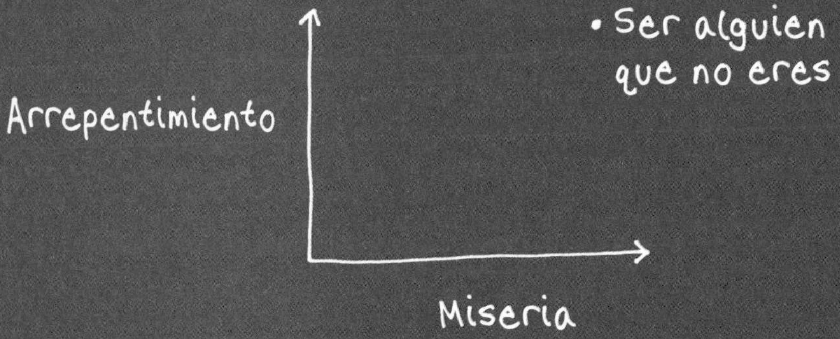
• Ser alguien
que no eres
Arrepentimiento
Miseria

Haz lo que

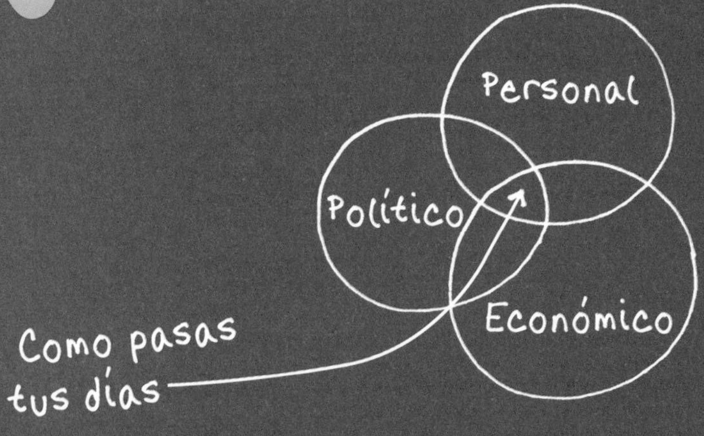
Personal
Político
Económico
Como pasas
tus días

*quieras

*sí, tú

Si no te apetece: no te lo comas, no le propongas una cita, no te inscribas. Si el simple hecho de pensar en algo te deprime: no estudies eso, no te quedes sentado escuchando, no le dediques tu vida. Si no es importante para ti: no lo hagas sólo porque es importante para alguien más.

Te lo vas a agradecer.

Elige
Algo

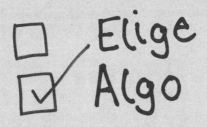

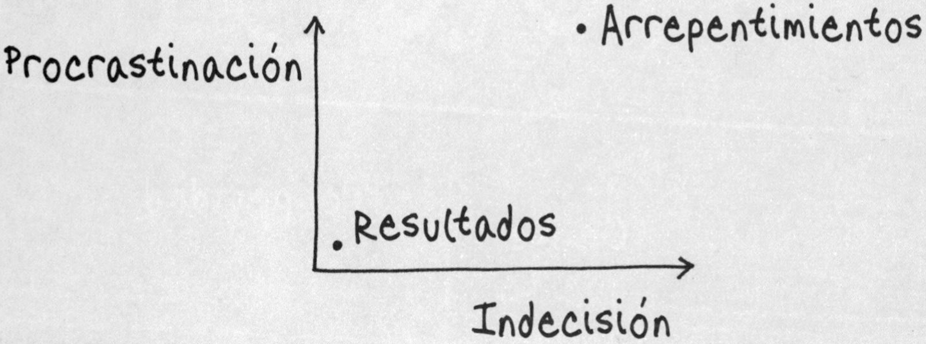
Procrastinación
• Arrepentimientos
• Resultados
Indecisión

¿No estás seguro de qué hacer con tu día? ¿Con tu vida? ¿Con tu carrera? Francamente no importa. Hasta los planes más intrincadamente organizados se desmoronan. Y oscilar entre opciones es una gran manera de procrastinar tu vida. Lanza una moneda. Gira la botella. Confía en tu instinto. Y listo.

Involucra a

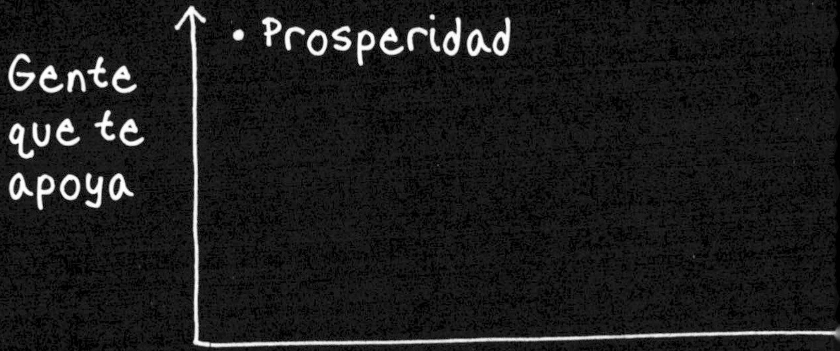
Gente que te apoya
Prosperidad

Vas a necesitar ayuda. Vas a necesitar consejos. Vas a necesitar aliados. Así que tienes que decirle a alguien cómo te sientes y lo que piensas hacer. Involucra a los demás en lo que estás viviendo.

los demás

• Secrecia
→

Miedo de fracasar

Te van a apoyar y a echar porras mucho más de lo que jamás imaginaste; y se burlarán mucho menos de lo que piensas.

INSCRÍBETE

Suerte, habilidad y el dinero de papi

Presentarse

Éxito

Únete a un club. Toma una clase. Sé voluntario. Haz una fiesta. Ve a una reunión. Lo que hacemos es lo que somos. Sé alguien que ha ido, venido, hecho y deshecho. Alguien que quiere hacer cosas nuevas mañana.

Pásala BIEN, en serio

Espectacular
Diversión
De flojera
Pretensión

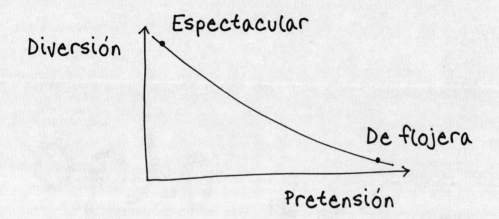

La ironía le estorba a la experiencia. Deja las pretensiones y tendrás espacio para disfrutar cada día.

Canta al ritmo de música pop cursi.
Disfruta cosas que están fuera de tu estilo.
Haz caras chistosas. Deja de silenciar tu risa.

Date permiso de divertirte.

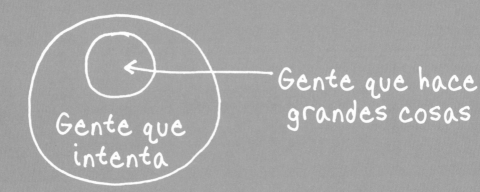

Gente que hace grandes cosas

Gente que intenta

Date algo

Gente que nunca está invitada a las fiestas

de crédito

Te mereces una oportunidad.

Te mereces un poco de diversión.

Te mereces ser feliz. Tienes habilidades

y curiosidades y cosas que ofrecer.

Así que ¡vas! Salta.

No sólo hay espacio para ti,

hay una necesidad.

De verdad.

Tira la BASURA

Quejas
Trabajo
Lloriqueos
Aguafiestas

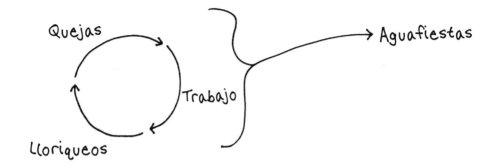

No todas las actividades valen la pena.
No toda labor horrorosa es obligatoria.
Evita las cosas que te humillan y cansan.
Y si debes hacerlas (lavandería, impuestos)
entonces hazlas con gusto y sácalas de tu mente.
Tienes que hacer espacio para lo que importa.
Más espacio para lo que es interesante.

JUEGA

Estudiar
aunque no
haya examen
Iluminación
Examinar

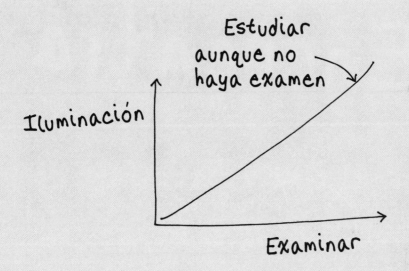

Empieza con una pregunta. ¿Cómo funciona? ¿Qué hace que las cosas sucedan? Después, asómate. Separa las piezas y vuelve a unirlas. Aprieta botones. Cambia la configuración. Mira cómo se unen las piezas. Fíjate qué enciende el motor. Mira qué interesante es todo.

Encuentra

Noble

Poderoso

Solitario

Batman
—o la señora
en la oficina
de licencias.

Busca a alguien que te haga sonreír. Alguien
que viva como tú quieres. Alguien a quien
admires. Alguien real e imperfecto.

un héroe

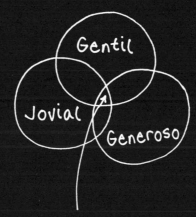

Gentil

Jovial

Generoso

Santa
—o tu tía
favorita.

Aprende dos cosas de ellos:

1. Lo que hacen bien.

2. Lo que no hacen tan bien.

Defiende lo que ♡ amas

Cosas que te estorban
AMOR=PODER
Intensidad del sentimiento

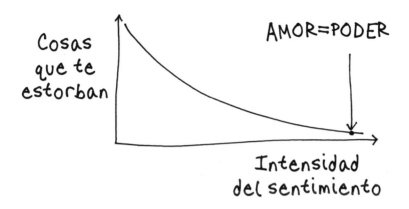

Tienes personas, lugares y cosas que atesoras. Son preciosas y maravillosas. Lucha por eso. No dejes que se instalen en la parte más profunda de tu mente.

Un amor ignorado se marchita y muere.

Sé dueño de tu territorio

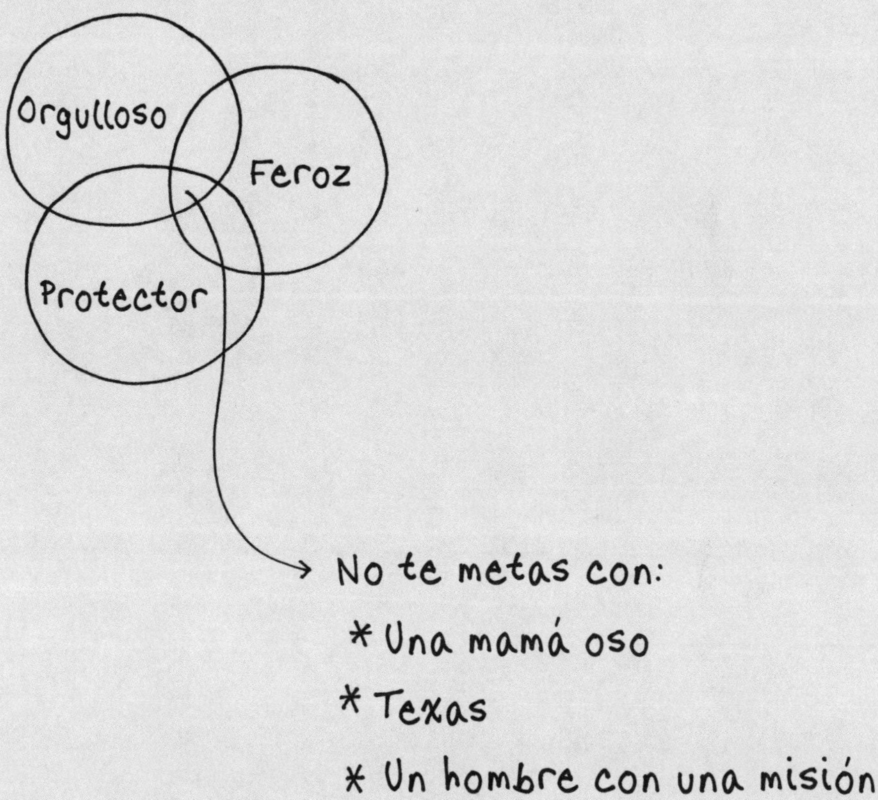
Orgulloso
Feroz
Protector
No te metas con:
* Una mamá oso
* Texas
* Un hombre con una misión

Lo que sea que estés haciendo, disfrútalo. Acéptalo. Domínalo lo mejor que puedas. Hazlo tuyo. Así es como se combinan un sentido de libertad y un sentimiento de seguridad.

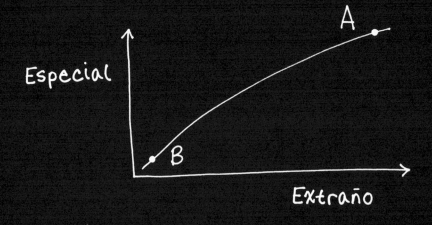

Especial

Extraño

A = Bien conocido

B = Bien portado

Acepta que eres raro

Nadie es normal.

Todos tienen mañas y

pensamientos únicos y personales.

No escondas estas cosas: son lo

que te hacen interesante.

ALTERA

el uniforme

Aviso dado
Desastre
Maravilla
Cuidado dado

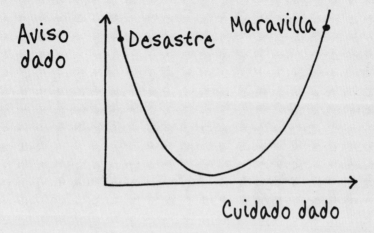

Ponte elegante. Ponte fachoso. Lleva una cubeta a la playa. Usa un sombrero sólo si te gusta. Ponte lo que te haga sentir como tú mismo.

A veces, el par correcto de zapatos pueden hacerte sentir mejor.

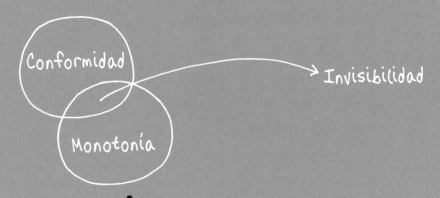

Conformidad

Monotonía

Invisibilidad

Sé tú mismo en PÚBLICO

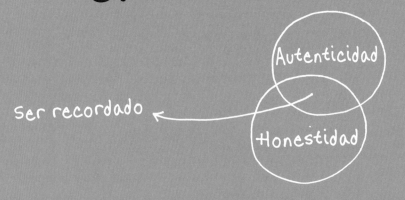

Autenticidad

Honestidad

Ser recordado

Sal de tu casa siendo tú mismo.
Se tú mismo en el trabajo.
Lleva tu personalidad con
ORGULLO a todos lados.
No censures tus habilidades ni
escondas tus rasgos únicos.
Ser diferente significa
tener identidad.
Hacerlo público es ser
verdaderamente tú mismo.

NO

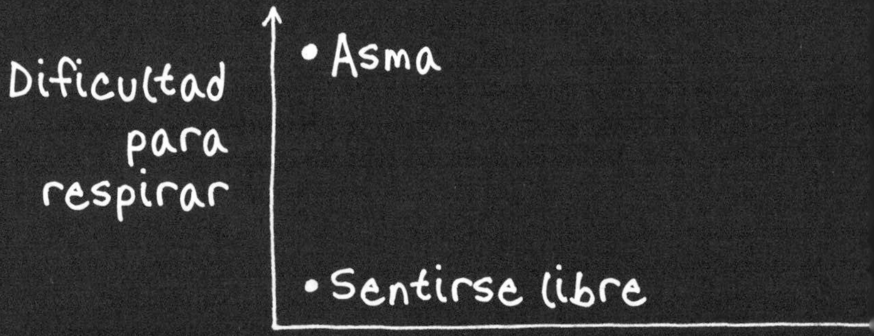
Dificultad para respirar
Asma
Sentirse libre

Disfraces. Poses. Sonrisas falsas y conformidad forzada. Todo se interpone con aquello que es verdaderamente interesante.

FINJAS

- Sentirse atrapado

- Material peligroso

→

Peso de la máscara

Eres inherentemente único: no hay por qué esconderse detrás de una máscara que te queda mal.

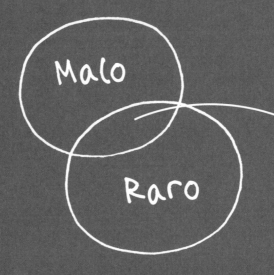

Malo

Raro

No más disculpas

Esconder lo que es especial

No tiene nada de malo ser único. No estás mal por ser diferente. No deberías disculparte por ser interesante.

Sonríe ante las burlas

Integridad personal

% de la población satisfecha

No todos van a entenderte.

No todos van a apreciarte.

No todos van a aceptarte.

No cambies por ellos. Sólo sonríe y sigue
tu camino.

Siempre **ORGULLOSO**

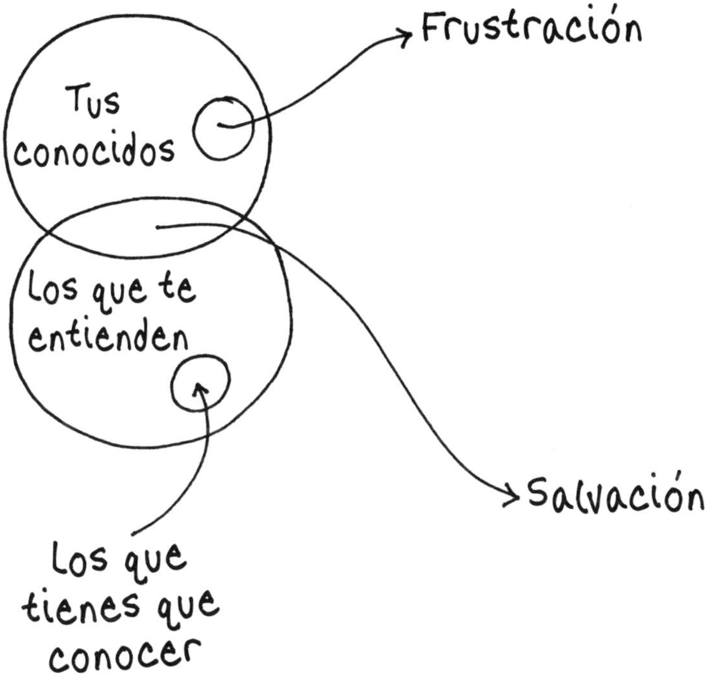
Frustración
Tus conocidos
Los que te entienden
Salvación
Los que tienes que conocer

Tu rareza es algo muy valioso; una medalla de honor. Un punto de orgullo. Te hace diferente y, además, sirve para encontrar a gente que goza tu presencia... y tú la suya.

Cuestiona tus RAZONES

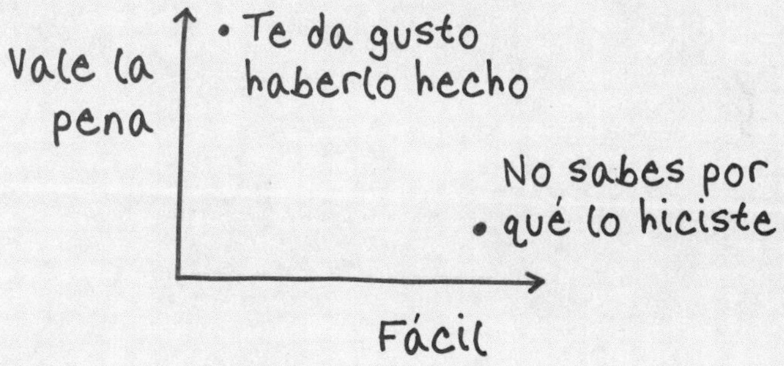
Vale la pena
Te da gusto haberlo hecho
No sabes por qué lo hiciste
Fácil

La gente interesante está motivada por cosas más grandes que el *status quo*. ¿Estás haciendo lo que los demás esperan que hagas, o lo que sientes en lo más profundo que tienes que hacer?

La única forma de superar las expectativas es ignorándolas y, en su lugar, hacer lo que se necesita.

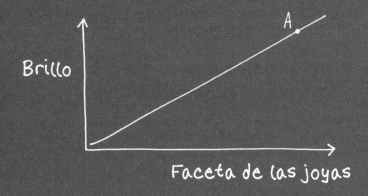

Brillo

Faceta de las joyas

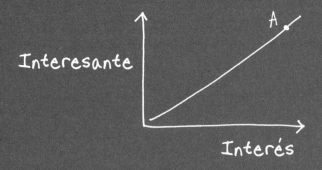

Interesante

Interés

A = Brillante

Toma
UN ATAJO
DESVÍATE

¿Quién es más interesante? ¿Un científico famoso,
o el científico famoso que toca el chelo y tiene un acto
de marionetas en un foro a la orilla del mar desde donde,
a veces, escribe poesía mientras ve los barcos pasar?

Exactamente. Sigue tus impulsos raros y haz el mayor
número de cosas. Desviarte puede llevarte exactamente
a donde deberías estar.

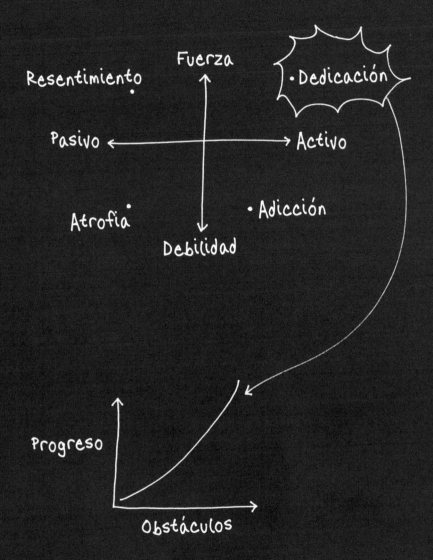

Fuerza

Resentimiento

Pasivo ← → Activo

•Dedicación

Atrofia•   •Adicción

Debilidad

Progreso

Obstáculos

Sigue moviéndote

Todos los días decide dar un paso más hacia lo que te hace feliz. Toma otro paso hacia la aventura. Deja que otra pieza de ti mismo ponga en orden tu rareza.

Antes de que te des cuenta, estarás en un lugar muy diferente: uno mucho más interesante.

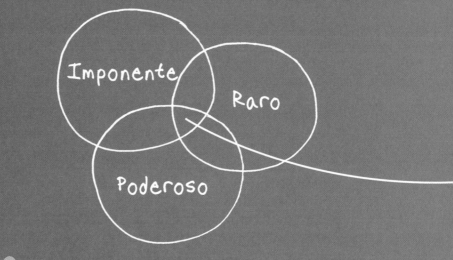

Imponente

Raro

Poderoso

ADOPTA *las*

Estimula la singularidad de los demás. Apoya lo diferente. Invierte tu dinero en lo raro. Pasa tiempo haciendo lo que es diferente, extraño o maravillosamente peculiar.

Talento obvio o que te caiga un rayo

DIFERENCIAS

El mundo espera que cumplas con las reglas
y los raros excepcionales necesitan toda la
ayuda que puedan conseguir.

CAPITALIZA
tus
PECULIARIDADES

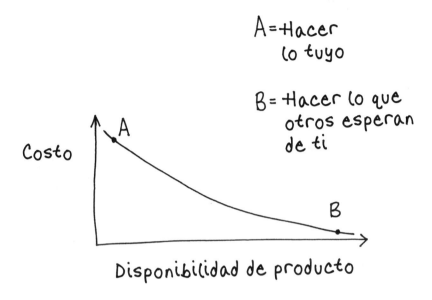

A=Hacer
lo tuyo
B= Hacer lo que
otros esperan
de ti
Costo
A
B
Disponibilidad de producto

Lo que te hace interesante, te hace valioso: sólo tú puedes expresar lo que sabes, hacer lo que haces y saber lo que sabes. No necesitas un nicho gigante, sólo uno lo suficientemente grande para clavar en él una bandera.

Encuentra tu

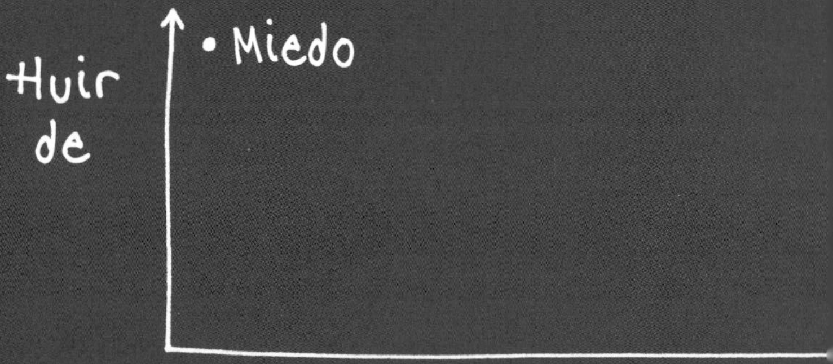
Huir de
• Miedo

No corras para unirte a la carrera. Huye y únete a un circo lleno de gente que está viviendo sus sueños.

CIRCO

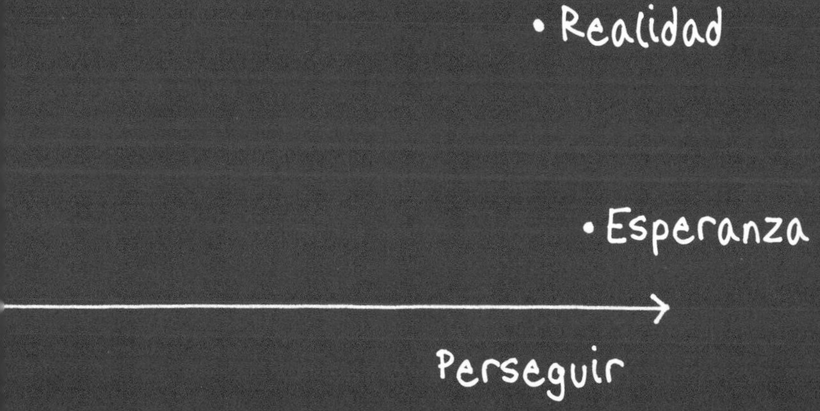
• Realidad
• Esperanza
Perseguir

Si lo que buscas es un circo, estarás corriendo hacia algo disfrutable, en vez de sólo cansarte.

Pasión
Causa
Propósito

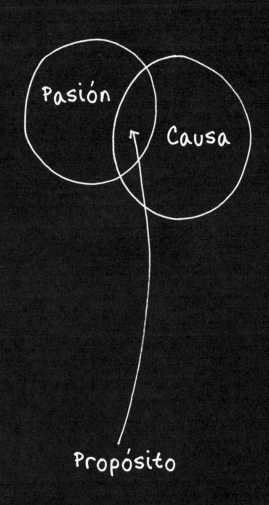

Paso 5

Ten una
Buena causa

Si no te importa nada,
no le vas a importar a nadie.

Recuerda lo que te hace LLORAR

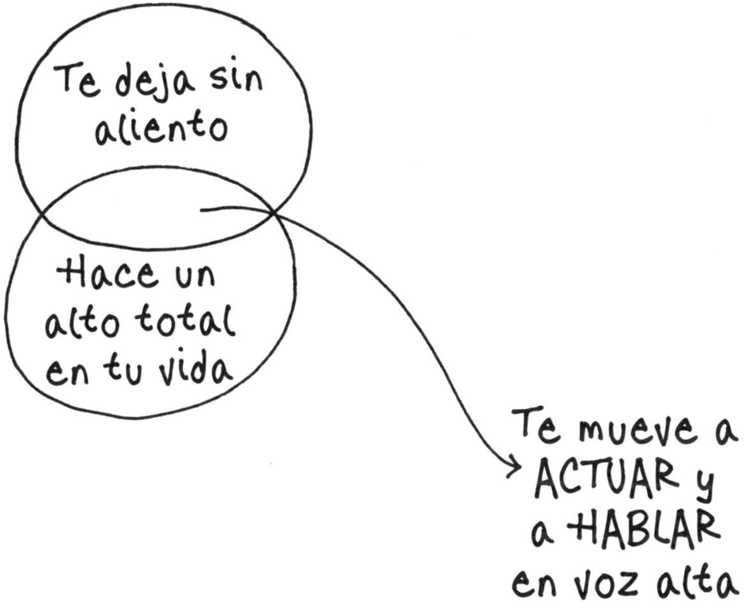
Te deja sin aliento
Hace un alto total en tu vida
Te mueve a ACTUAR y a HABLAR en voz alta

Un lugar. Una persona.

Una canción.

Ahora, dedícale más tiempo

a esa memoria.

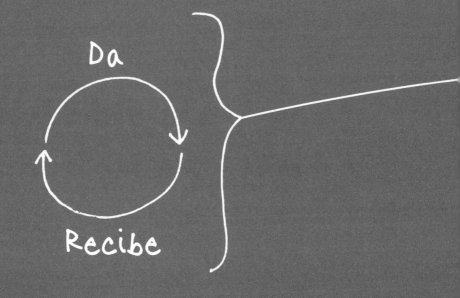

Da

Recibe

Da sin esperar

Impuestos donados a la caridad y relaciones funcionales

a cambio

Se siente bien que te correspondan un beso.
Se siente genial dar regalos. Se siente espectacular ser
el catalizador de felicidad de alguien más. Ser generoso
es asquerosamente satisfactorio.

Gasta
el dinero
como si
valiera
algo

Pesos

Sentido

Vota con tu cartera

¿Quién se queda con tu dinero? ¿De dónde lo sacas? ¿Qué personas y compañías están involucradas? ¿Estás de acuerdo con sus políticas, prácticas y conductas? ¿Y todo eso esta bien? Si no, tienes que saber que siempre puedes hacer un cambio con tu dinero.

Mete las

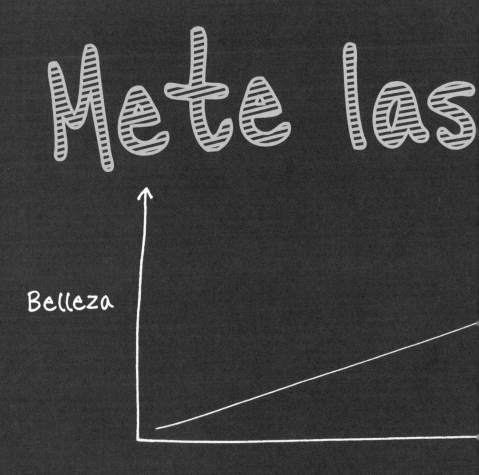

Belleza

Los espectadores no son noticia. Los
observadores no hacen historia. Sé serio.
Sumérgete. Sé vulnerable.

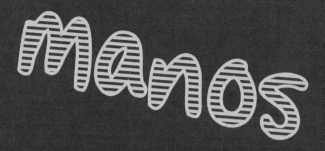

manos

Poemas, amor
y dedicación

•Letrina

→ Profundidad

Si quieres hacer una diferencia, tienes que llegar
hasta el fondo del desastre que tienes enfrente.

LEVANTA LA VOZ

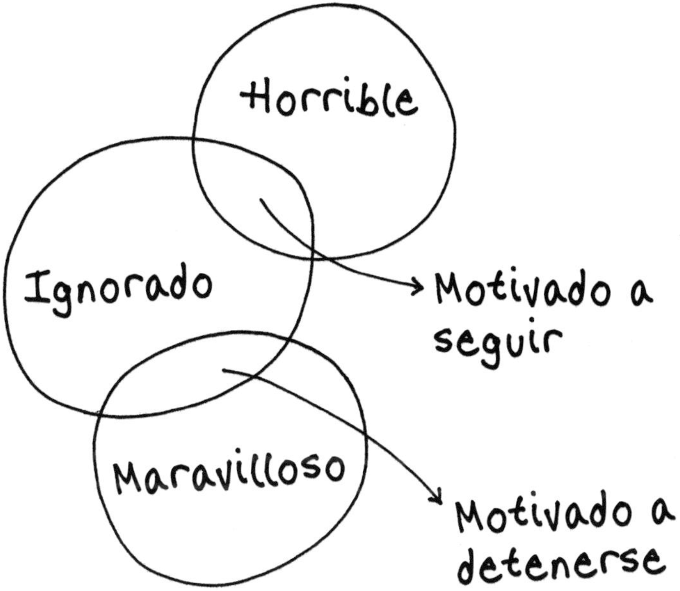
Horrible
Ignorado
Maravilloso
Motivado a seguir
Motivado a detenerse

Elogia lo maravilloso. Anula lo desagradable. Articula lo que a otros les da miedo decir en voz alta. Lleva la conversación más allá.

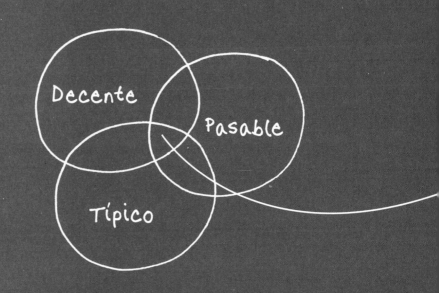

Decente

Pasable

Típico

Haz el

Nadie escribe
canciones de esto

mayor bien

Pregúntate: ¿Esto es lo mejor posible?

Después pregúntate: ¿Qué es?

Y utiliza tu tiempo trabajando en eso.

Arriesga lo ORDINARIO por lo GENIAL

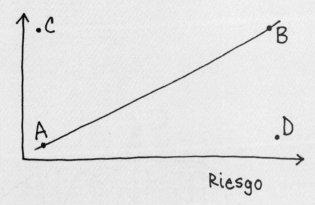

Recompensa

Riesgo

A = Aburrimiento
B = Una biografía que vale la pena leer
C = Un puesto de ventas de risa
D = Peligro

Siéntete mejor que "bien". Haz las cosas mejor que "bien".
Lo genial es raro porque muy poca gente decide
alcanzarlo. Arriesgar lo ordinario es la única forma de
conseguir algo extraordinario.

Sé el HÉROE

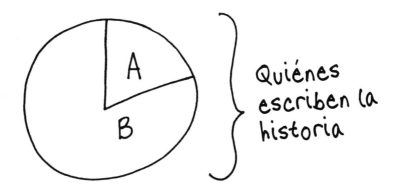

A
B
Quiénes escriben la historia
A = Los autodenominados "Ganadores"
B = Escritores fantasma contratados por A

Eres el autor y protagonista de tu propia historia de vida. ¿Perfecto? Nadie lo es. ¿Persuasivo? Todos podemos serlo, si el corazón lleva la batuta. Sé un personaje digno de ser recordado.

ALGO ES MEJOR QUE NADA

Energía
•Fusión en las estrellas
Átomos

Ráfagas de aire
Gotas de agua
El principio de un huracán

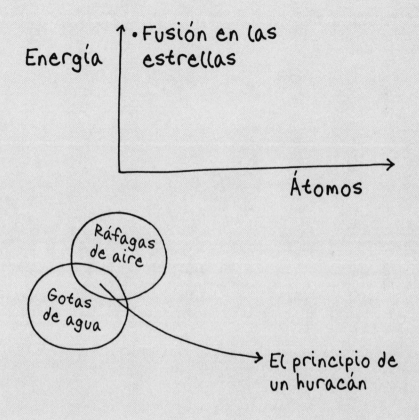

Las acciones importan. Aun las más pequeñas.

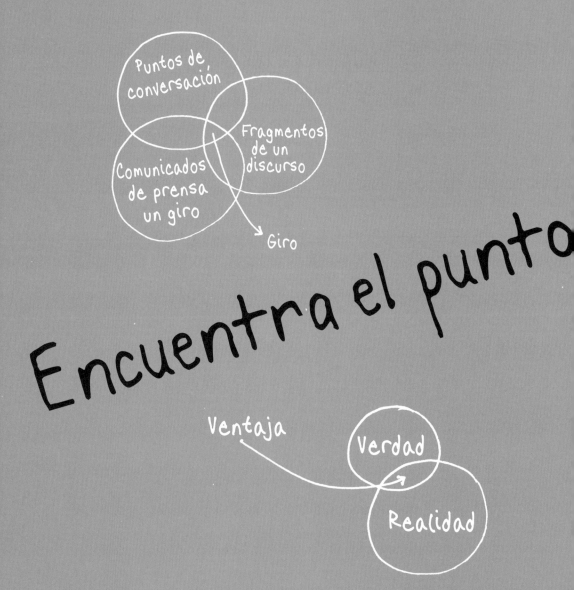

Puntos de conversación

Fragmentos de un discurso

Comunicados de prensa un giro

Giro

Encuentra el punto

Ventaja

Verdad

Realidad

de apoyo

Debajo de lo obvio, detrás
de lo superficial, bajo las
excusas y las fachadas,
vas a encontrar el punto
decisivo de las cosas.
Trabaja por eso.
La ventaja correcta
resuelve muchas cosas.

PONLO TODO

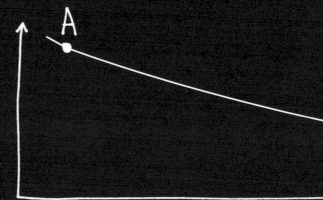

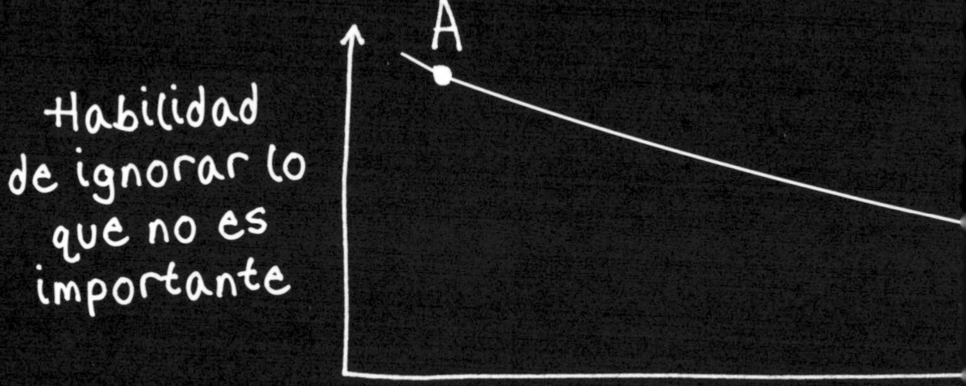

Habilidad de ignorar lo que no es importante

A

A = Todo tiene sentido

B = Todo te estresa

EN ORDEN

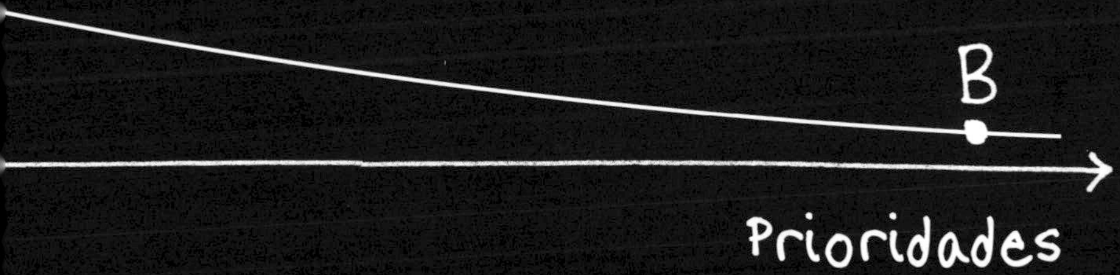
B
Prioridades

Dale precedencia a lo que tiene más importancia.
Todo lo demás se arreglará sólo.

PON LA MESA... Y EL EJEMPLO

Fuerza
• Cooperación
• Libros de cocina
Números

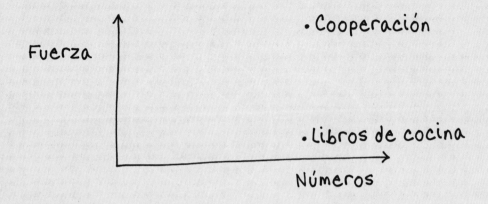

Junta a cuantas personas puedas para que te ayuden. Comparte tu energía. Comparte tus ideas. Comparte tu causa.

Y asegúrate de tener suficiente pastel.
Todos aman el pastel.

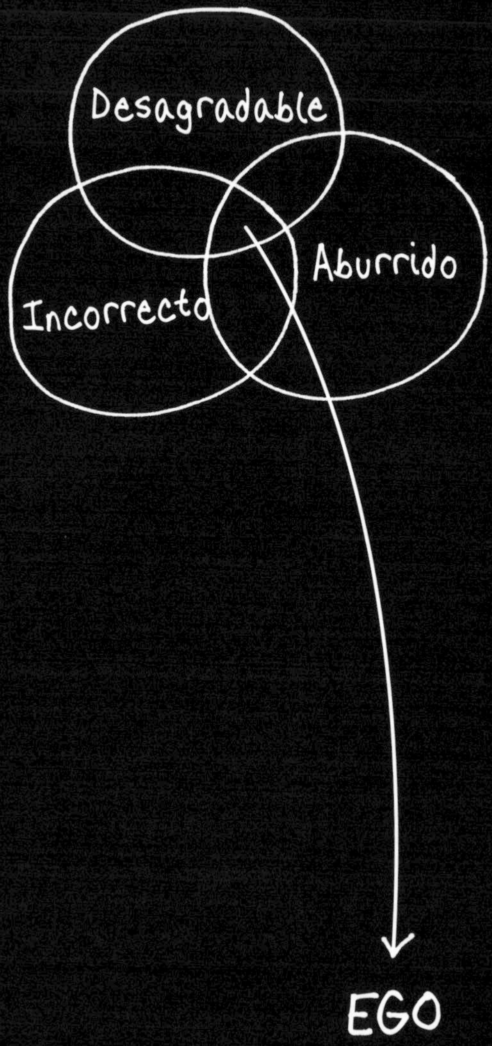
Desagradable
Aburrido
Incorrecto
EGO

Deja de presumir

Los egos se interponen en el camino de las ideas. Si tu arrogancia es más obvia que tu pericia, la gente te va a evitar.

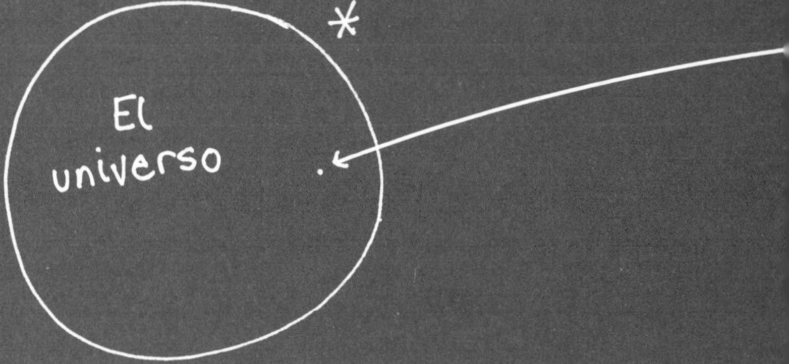

El universo

*

Imagina todo

Todo lo que alguna vez sabrás sólo representa una porción microscópica en el gran universo agitado de la información.

Todo el
conocimiento
humano

* No escalar. Necesitaría un círculo
del tamano del sistema solar para
estar apenas cerca de la precisión.

lo que NO sepas

Deja que la enormidad de este humilde hecho

sea reconfortante.

Sólo

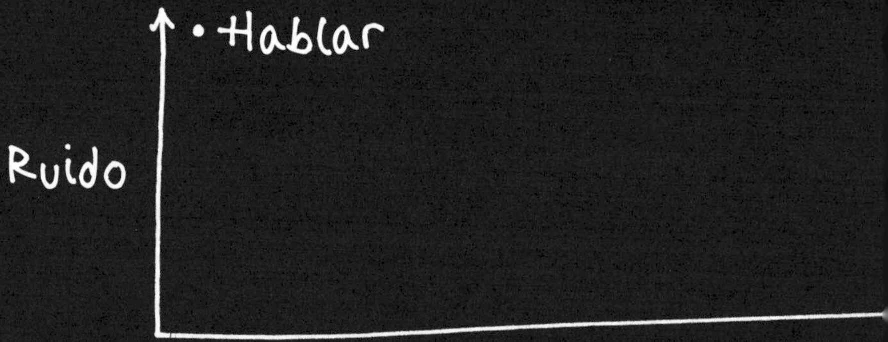
• Hablar
Ruido

A lo que se dice y lo que se calla. A los mensajes entre líneas. Al tono de la voz. Al sarcasmo y la reverencia.

escucha

• Escuchar

→

Entender

La comunicación es mucho más que
sólo palabras.

OLVÍDATE DE LOS Títulos

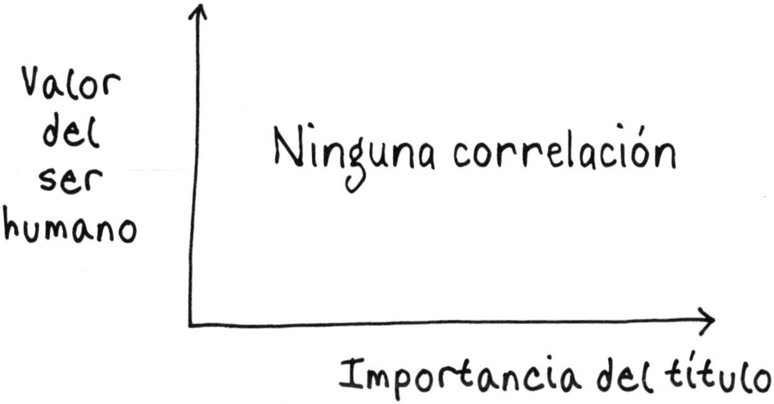
Valor del ser humano
Ninguna correlación
Importancia del título

Reyes y Reinas.

Doctores y Abogados.

Papas y Alcaldes y Pescadores.

Prostitutas y Bibliotecarias.

Lo que importa no es el título,

es la persona detrás.

No todos
QUIEREN
lo que tú
TIENES

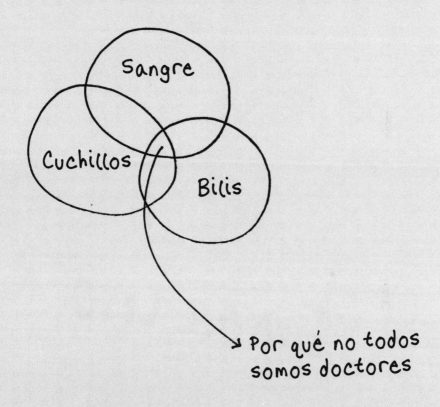

Sangre
Cuchillos
Bilis
Por qué no todos somos doctores

Tus más grandes logros –no importa lo impresionantes que crees que sean– son la peor pesadilla de alguien más. Tu posesión más preciada es un pedazo de basura para otra persona. Ten cuidado de qué presumes.

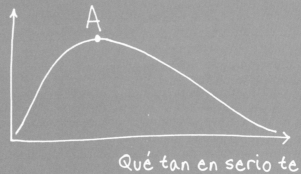

Cuánto disfrutan los demás de tu presencia

Qué tan en serio te tomas a ti mismo

Imagina tu

A = Ni un payaso ni un mocoso

propia
caricatura

Tu nariz. Tu caminar.
Tu cabello. Tus dientes.
Tu casa. Tu escuela.
Tu segundo nombre.
Si piensas en todo eso,
es bastante chistoso.
No te tomes demasiado
en serio.

Haz más

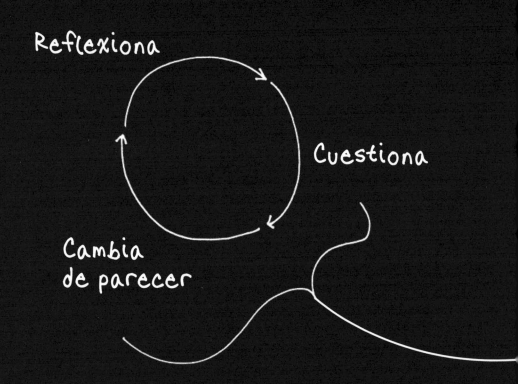

Reflexiona

Cuestiona

Cambia
de parecer

preguntas

Como volverte:

A= Más interesante y
B= El rechazado
   del grupo

La gente interesante está preocupada por otras cosas más allá de ellos mismos. Son educativamente omnívoros, entonces terminan muchas oraciones con preguntas honestas.

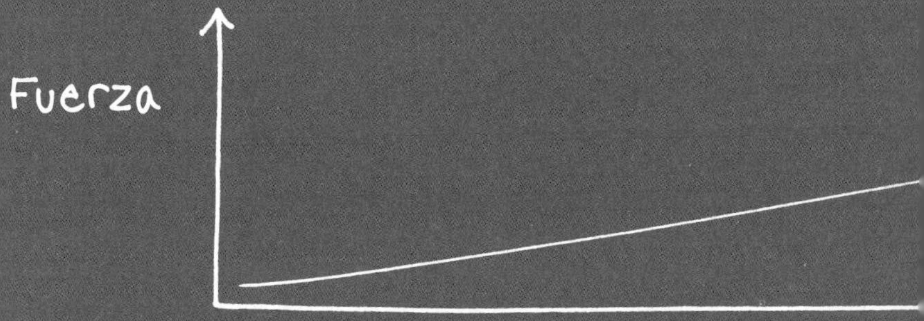
Fuerza

Sé estudiante

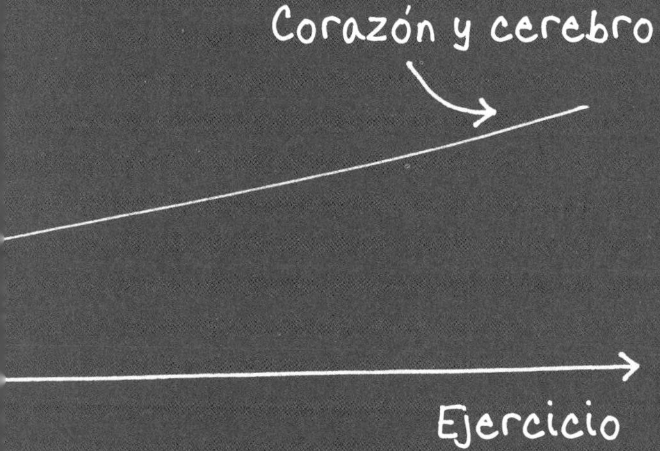
Corazón y cerebro
Ejercicio

por siempre

Inscríbete para aprender cosas nuevas. Filosofía, arco y flecha, contaduría, pintura, buceo, tragafuegos –lo que sea que puedas admitir que no tienes idea cómo hacer. Nunca sabes cuándo podrías necesitar una habilidad casual.

Practica
el ORGULLO
de manera
INDIRECTA

Envidia

Furia

Mezquindad

Tienen lo
que tú no

Alegría

Orgullo

Lo
compartes
con ellos

¿Alguna vez has estado tremendamente orgulloso de alguien más aparte de ti? Si tu respuesta es sí, sabes lo enriquecedor y conmovedor que es.

Si es no, necesitas a alguien lo suficientemente cercano para intentarlo.

Aprecia tu SUERTE

Situaciones más allá de tu control

Acciones que tomaste

Cómo todos llegamos a ESTE momento exacto

¿Te mereces lo que tienes? Quizá un poco. ¿Lo que no tienes? Probablemente no.

Reconoce el rol que la coincidencia, la suerte y los procesos sistémicos (sí, puede que incluso la suerte) juegan en nuestro mundo.

Admite que puedes

METER
LA PATA

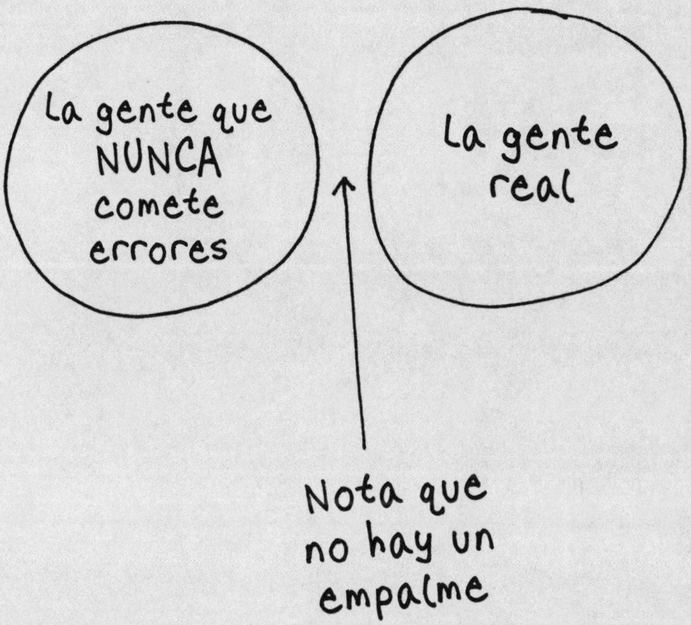
La gente que NUNCA comete errores
La gente real
Nota que no hay un empalme

Los errores suceden. Muy seguido.

Algunas veces son tu culpa y algunas veces son malentendidos.

Admite ambos libremente.

SÉ UN BUEN

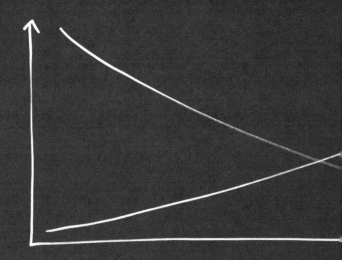

Nuevos horizontes alcanzados

Con todos los que conozcas. Sé quien ayuda, quien aconseja, el asistente sin el cual el héroe no sobrevive.

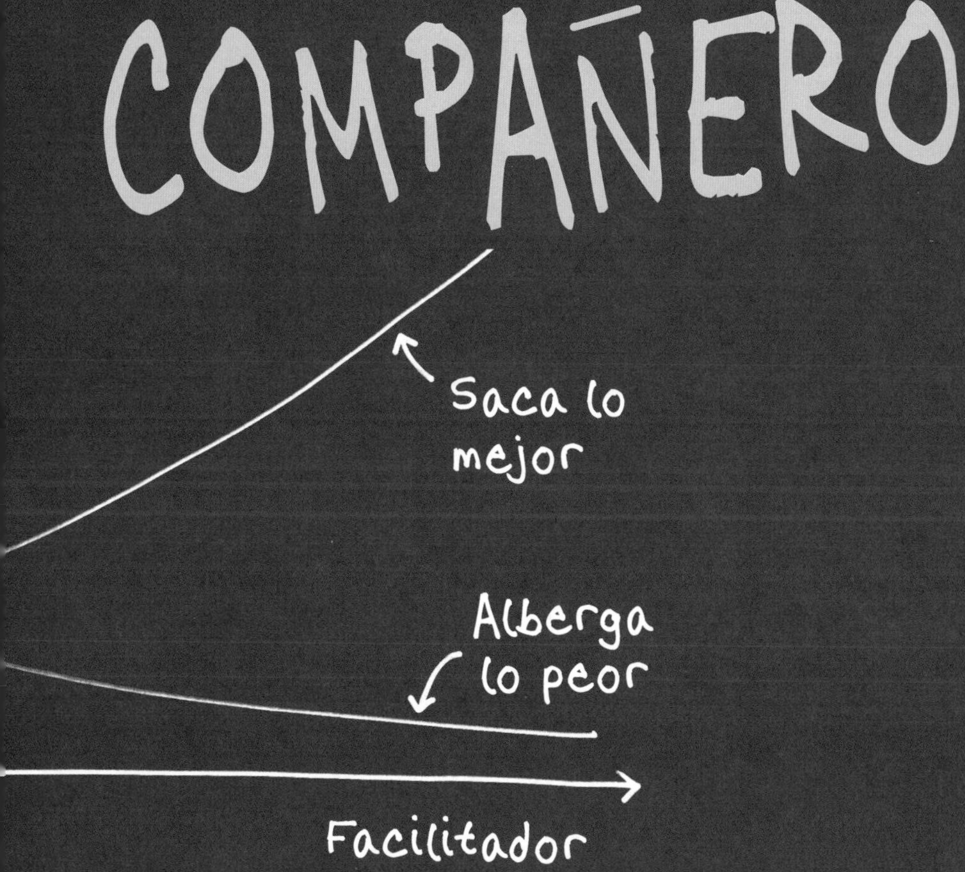
COMPAÑERO
Saca lo mejor
Alberga lo peor
Facilitador

La fama y el valor no están tan estrechamente relacionados como crees.

Impresiónate antes de tratar de IMPRESIONAR

Cosas irrealmente geniales
Material para tus sueños
En tu radar

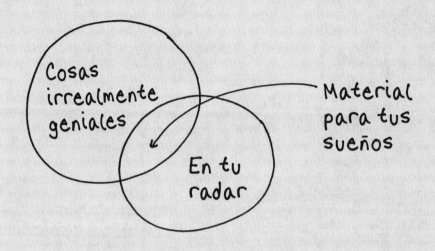

Majestuosidad. Gloria. Belleza.

Balance. Sabiduría.

Mientras más te dejes sorprender, más oportunidad tendrás de ser sorprendente. ¡En serio! ¿Cómo sabrás qué tan alto llegar si nunca has visto hacia arriba?

Esfuerzos valientes

Ni siquiera lo intentaste

FRACASOS

Dale una oportunidad

Inténtalo. Coquetea con una nueva idea. Haz algo extraño. Si nunca te sales de tu zona de confort, nunca lograrás crecer.

Piensa en abundancia

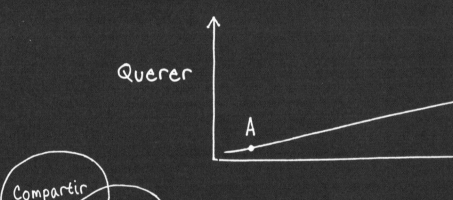

Querer

A

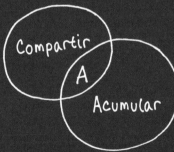

Compartir

A

Acumular

No en escasez

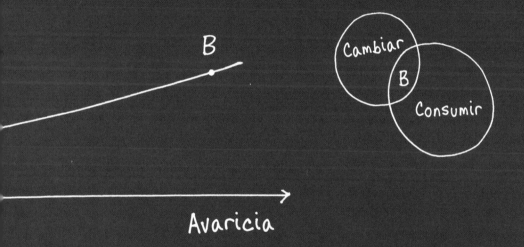

B

Cambiar

B

Consumir

Avaricia

Si decides que tienes más que suficiente
en tu vida, estás en lo correcto. También
aplica para lo inverso.

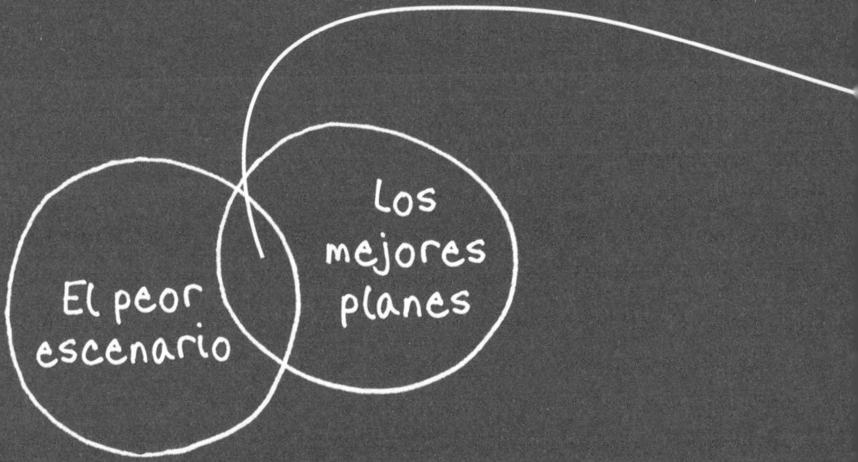
El peor escenario
Los mejores planes

¿POR QUÉ

Que esta
preocupación
no te detenga

NO?

¿Miedo al fracaso? ¿Miedo a fracasar y que otras
personas se enteren? ¿Y qué si fracasas? En serio,
¿y qué si fracasas? ¿Sería tan malo?

ACEPTA QUE LO QUIERES

"No me lo merezco."
"No lo necesito."
"Es demasiado."
Nunca lo tendrás.

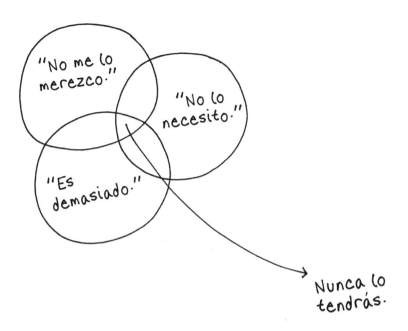

Negar un sueño es matarlo en su infancia.

No te sientas culpable por tomar una oportunidad inesperada.
No te sientas terrible por querer algo.

Guarda la culpa y úsala cuando no te des la oportunidad de intentar algo.

SORPRÉNDETE

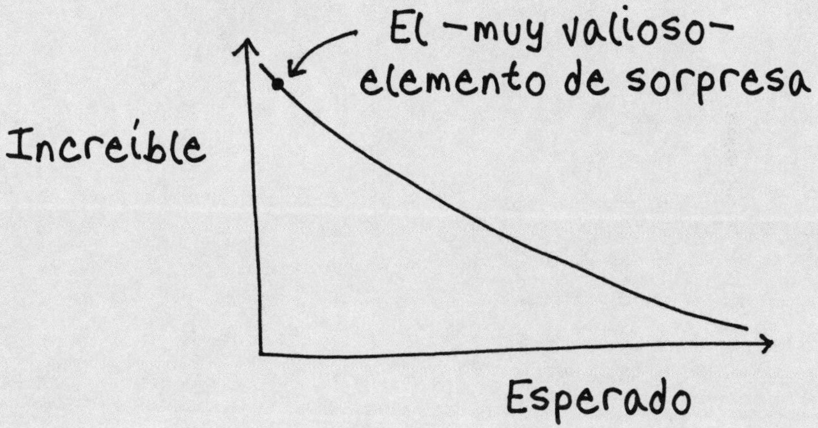
El —muy valioso—
elemento de sorpresa
Increíble
Esperado

¿Qué esperan los demás de ti? Intenta algo diferente.

¿Cuál es el siguiente paso? Toma uno diferente.

Después de todo, lo típico no es obligatorio.

Reserva de

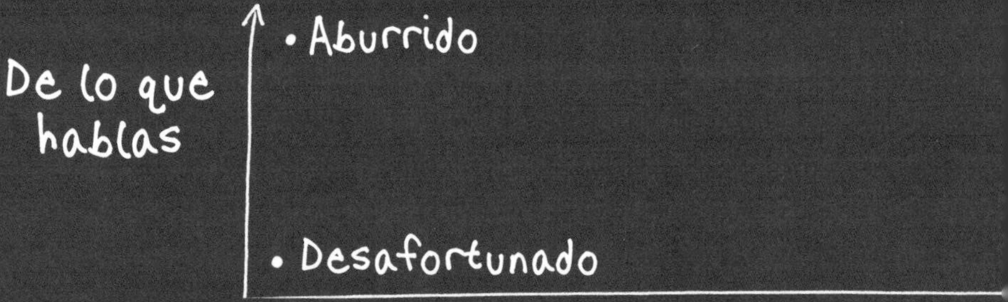
Aburrido
De lo que hablas
Desafortunado

Lee al azar. Escucha conversaciones ajenas a propósito. Mira películas, las nubes y a la gente.

anécdotas

- Interesante

- Tímido

De lo que sabes

Mientras más absorbas, más puedes transmitir.

Rebasa tus LÍMITES

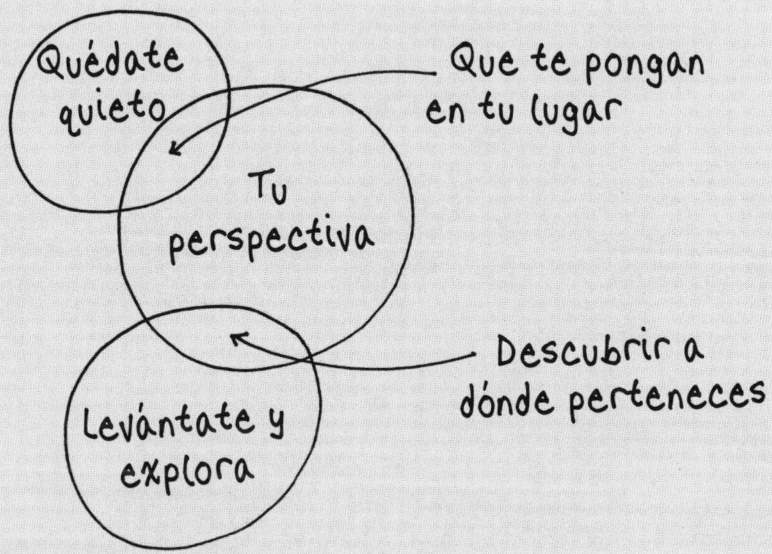
Quédate quieto
Que te pongan en tu lugar
Tu perspectiva
Descubrir a dónde perteneces
Levántate y explora

Sólo porque nunca has ido a algún lugar no significa que no puedas pertenecer a él. Sólo porque no está en la descripción de tu puesto no significa que no puedes hacerlo. Sólo tú puedes realmente decidir a qué liga perteneces.

DATE
PERMISO

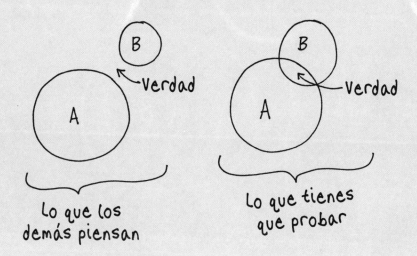

B
Verdad
A
Lo que los demás piensan
B
Verdad
A
Lo que tienes que probar
A = Lo que es posible
B = Tu sueño más LOCO

¿Necesitas permiso? Dátelo porque, la mayoría de las veces, nadie más te lo dará.

Felicidad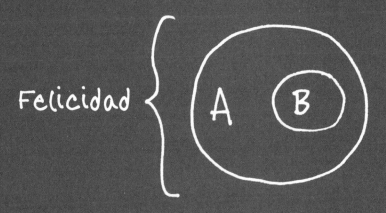

A=La tarea en tus manos
B=Tu corazón

Ofrécete como

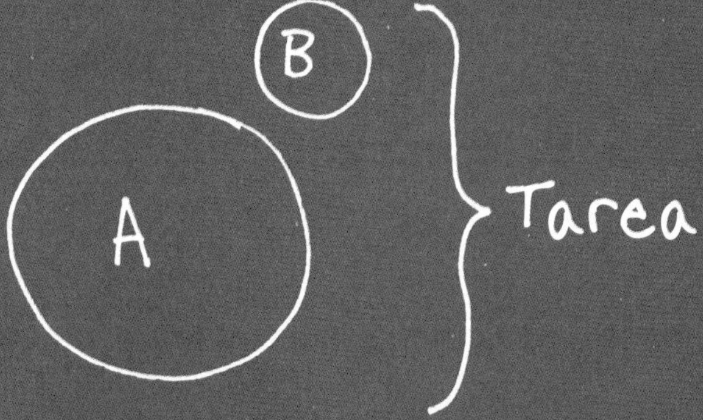
B
A
Tarea

voluntario

Di: "Sí, ahí nos vemos." Preséntate, listo para lo que se sea. Pon tu corazón en eso. Así es como las personas empiezan a enamorarse de ti, y de tu trabajo.

Haz PLANES

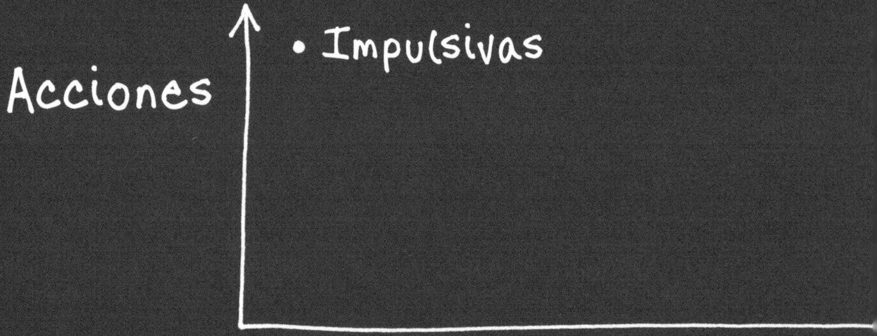
Impulsivas
Acciones

"¿Quizás mañana?" "Supongo que empiezo más tarde." No. Haz tus planes cinéticos, no potenciales.

REALES

. Estratégicas

. Titubeantes

⟶

Planes

La procrastinación lleva al arrepentimiento.

Declara tus Afectos

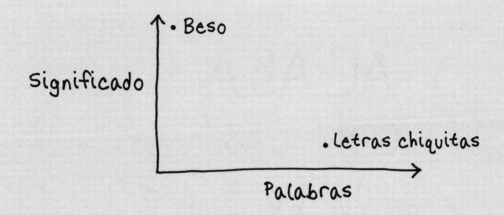

Significado

• Beso

• Letras chiquitas

Palabras

Sólo una persona muy valiente puede ser
emocionalmente vulnerable. Se necesita un espíritu
muy fuerte para permitir que te tiemblen las rodillas.

La gente interesante tiene historias de amor
interesantes.

ACABA CON LAS COSAS DIFÍCILES

Ya estuve ahí
Lo pensé
Interesante
Ya lo hice
Tomé una siesta
Irritante

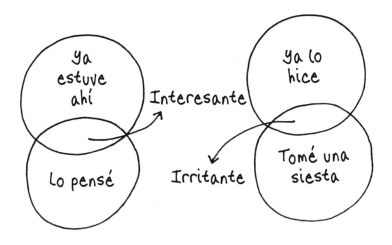

Los obstáculos alejan a la mayoría de la competencia. Y las cosas más difíciles son aquellas que resultan más satisfactorias.

Bobo

Extraño

Raro

→ No es un pecado

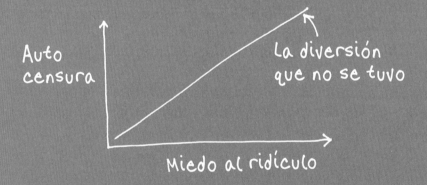

Auto censura

La diversión que no se tuvo

Miedo al ridículo

No tengas pena

Canta mal y a todo volumen.
Salta por la calle en
vez de caminar.
Ve a esa noche de karaoke.
Deja de censurar
tu personalidad.
Más personas van a sonreír
en vez de reír,
y si se ríen,
ese es su triste problema.

Seguidores
Wannabes
Imitadores
viejas noticias

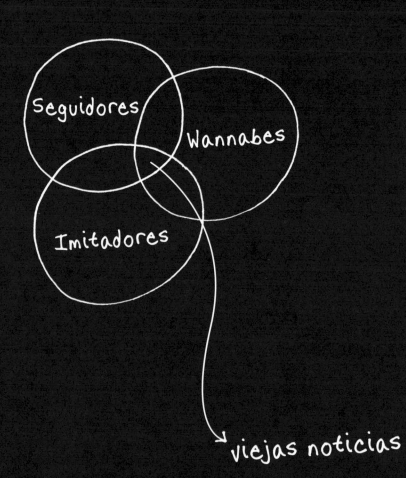

Paso 8

Salta del vagón de los borregos

Si todos los demás lo están haciendo, ya vas tarde a la fiesta. Mejor decídete, haz lo tuyo y otros empezarán a saltar al vagón de moda que tú mismo pusiste en marcha.

No confundas
una tradición
con una orden

El pasado
El futuro
Estancamiento

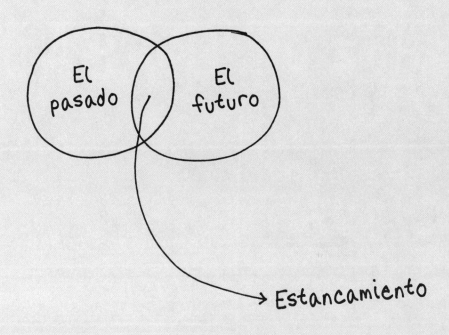

¿Así que siempre se ha hecho de esa manera?

¿Así son las cosas?

¿Hay que hacerlo y punto?

No. No más.

Haz un TRABAJO

Gente que se dedica a eso

Demasiadas cosas

¿Alguna vez has estado sentado en tu auto y te pones a pensar a qué se dedican todos los demás que están atorados en el tráfico? ¿Cuáles son sus pasatiempos? ¿Qué hacen para divertirse?

MUY EXTRAÑO

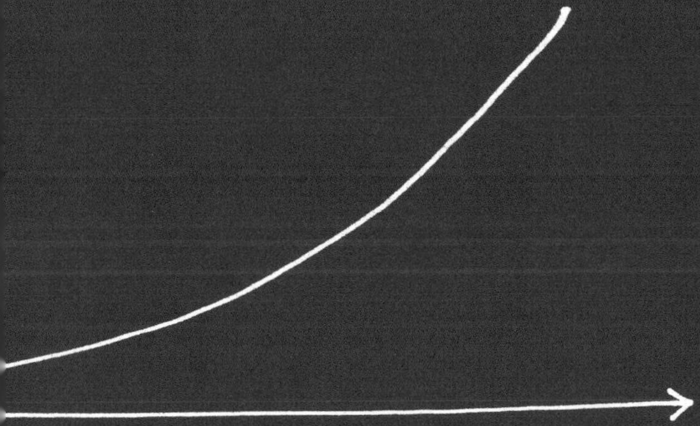

Qué tan seguido
escuchas al respecto

Hay tantas respuestas como personas. Todas son posibilidades.

Calidad
Popularidad

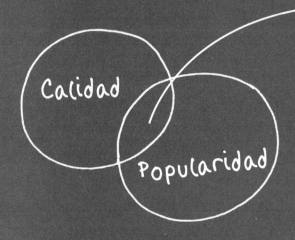

Cuestiona

NO
NECESARIAMENTE

la ubicuidad

Sólo porque está en todos lados no
significa que vale la pena o tengas
que ser partícipe.

SIGUE *tu* CURIOSIDAD

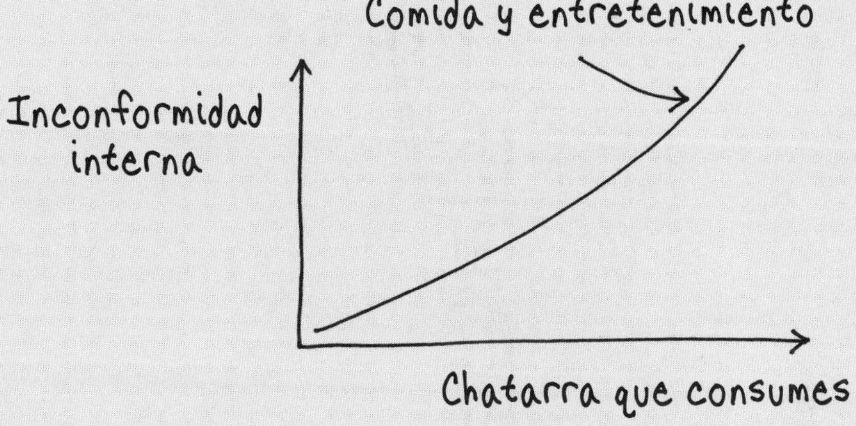
Comida y entretenimiento
Inconformidad interna
Chatarra que consumes

Si sientes que te estás ahogando en un tanque de barro popular pero aburrido, deja que tu curiosidad te salve.

Métete en los

NICHOS

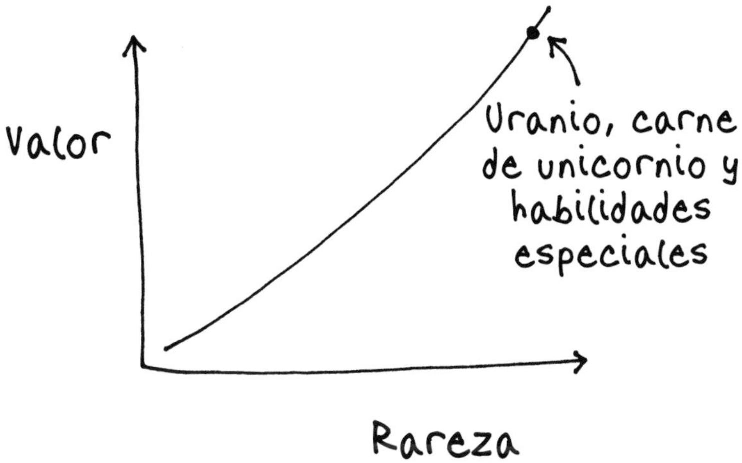
Valor
Uranio, carne de unicornio y habilidades especiales
Rareza

Mientras más pequeño el nicho, menos espacio hay para los copiones.

Si quieres ser interesante, trabaja con específicos, no con genéricos.

Conviértete en la próxima leyenda

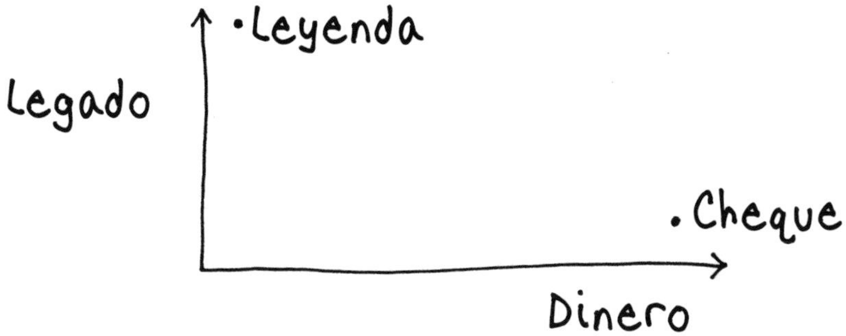
•Leyenda
Legado
•Cheque
Dinero

No tienes que ser mundialmente famoso ni ridículamente rico para ser exitoso.

Simplemente tienes que hacer lo que haces mejor.

relájate

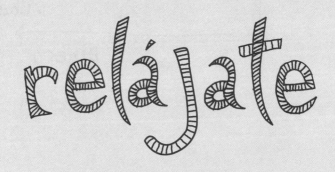

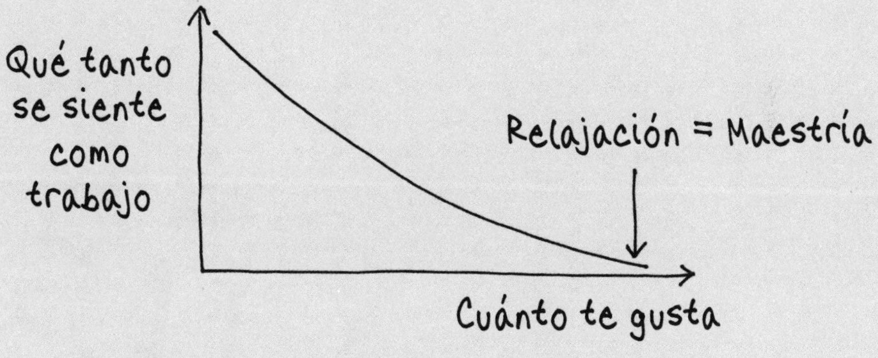
Qué tanto
se siente
como
trabajo
Relajación = Maestría
Cuánto te gusta

No ligues el estrés con el éxito. Encuentra un trabajo que te satisfaga y puedes ahorrarte un infarto o dos.

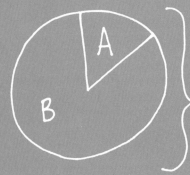

Corredores en la
carrera de la vida

CAMBIA LAS

A = Un poco adelante

B = Muy atrás

C = Ganadores

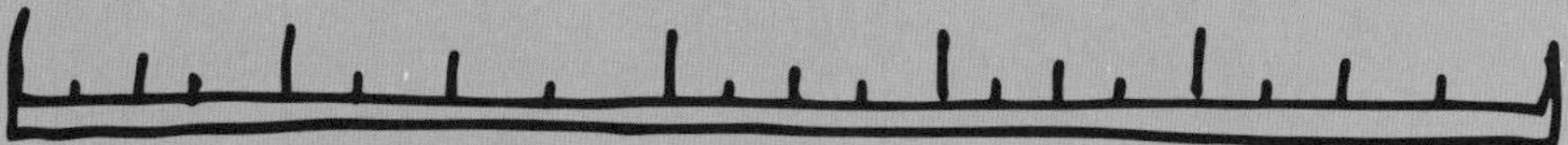

MEDIDAS

¿Metros cuadrados? ¿Caballos de fuerza?

¿Millones en el banco?

¿Personas en tu club de fans?

¿Días que te despiertas feliz?

Fíjate en las cosas que mides y considera unidades alternativas.

Empieza tu

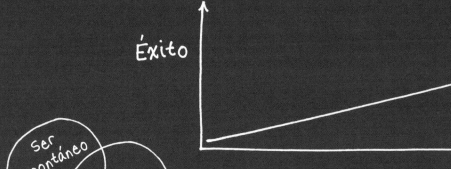

Éxito

Ser espontáneo

Ponerte las pilas

Alejarte de lo típico

→ De donde vienen las ideas cuando tu mente esta lista

propia locura

No importa dónde empieces

Qué tan lejos llegas

Todo fenómeno cultural empieza como una idea.
Cuando tienes una, haz lo que sea necesario para
llevarla de una esquina de tu mente al mayor
público posible. Puede que todo el mundo la adopte.

El
único
lugar
seguro
es tu
CASA

Comodidades de casa

Nuevos amigos

Distancia de casa

Creciste con ciertas personas que hacían ciertas cosas en ciertos lugares. Sal de tu casa para ver qué tan única y universal fue tu infancia.

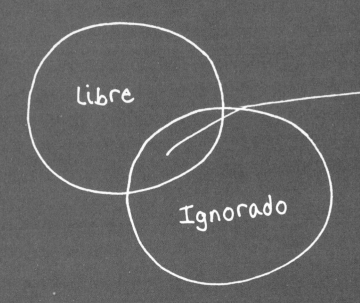

Libre

Ignorado

Toma los

→ Personas,
lugares y cosas
subestimados

espacios
vacios

Cuando las autoridades pasan algo por alto, puedes tomar
control de eso y convertirte en la autoridad de ese espacio.

INVESTIGA
lo
OSCURO

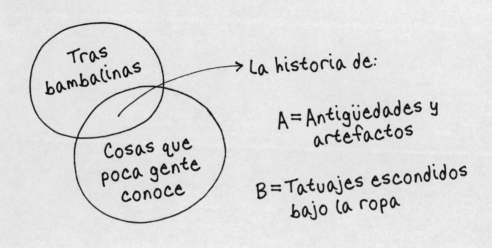

Tras bambalinas → La historia de:

A = Antigüedades y artefactos

B = Tatuajes escondidos bajo la ropa

Cosas que poca gente conoce

Revive las historias olvidadas. Lee libros viejos. Sacude las modas pasadas. Escucha música rara. Puede que encuentres tus cosas favoritas detrás de lo convencional.

Calidad de vida
MIEDO

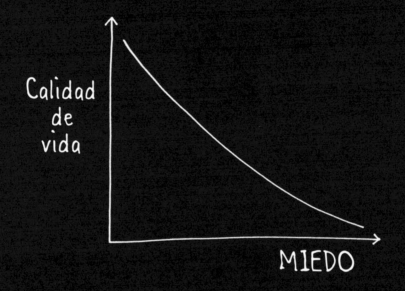

Paso 9

Ten pantalones

Es necesario ser valiente para tener opiniones contrarias y tomar caminos inesperados. Si no tienes valor, vas a quedarte junto a la hielera, viendo la acción pasar y hablando de quien sí lo logró.

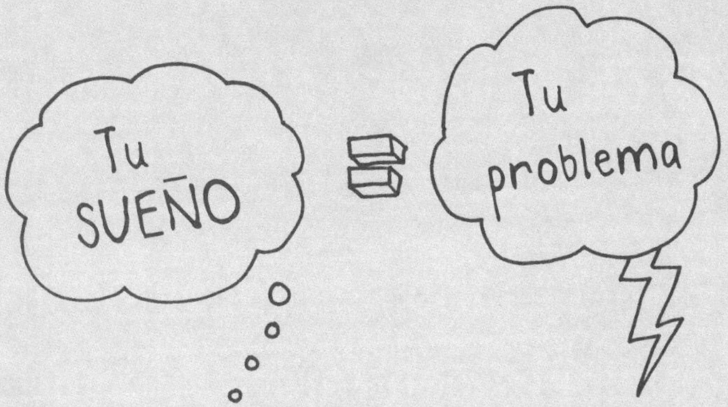
Tu SUEÑO
=
Tu problema

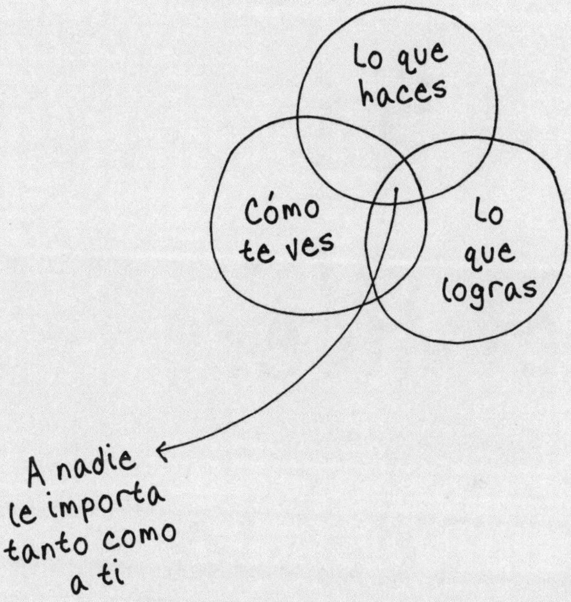
Lo que haces
Cómo te ves
Lo que logras
A nadie le importa tanto como a ti

Si tienes un sueño personal o un deseo, tienes que saber que eres el único al que le importa y trabaja lo suficiente para verlo hacerse realidad.

Sé el líder de la REBELIÓN

•Tú lo estableces
Confort
.Otros lo establecen
Límites

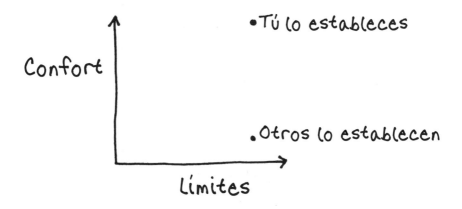

Si te das cuenta que estás trabajando por algo que se siente inútil o que no dará frutos, deténte. No pelees por nada a lo que no le encuentras valor. Te vas a sorprender de cuántos se unen a tu protesta.

EVITA LA

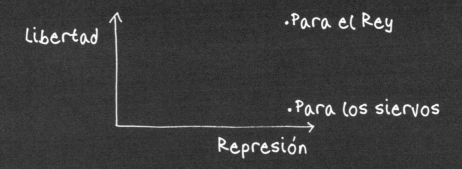

libertad

•Para el Rey

•Para los siervos

Represión

Para hacer cosas interesantes, necesitas tener
la libertad de experimentar y de innovar.

AUTORIDAD

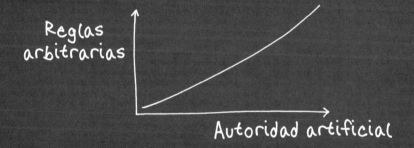

Reglas arbitrarias

Autoridad artificial

Las autoridades trabajan para confinar, contener y limitar ese tipo de conductas.

Evítalas lo más posible.

ACEPTA LA Fricción

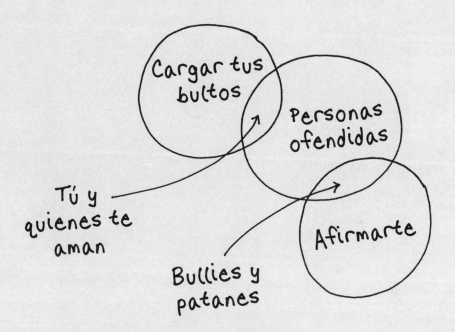

Cargar tus bultos

Personas ofendidas

Tú y quienes te aman

Afirmarte

Bullies y patanes

No quieres imponerte.

Puede que te alejes de lo que causa olas.

Puede que sientas que no serías capaz de pedir

lo que necesitas.

Es momento de superar todo eso.

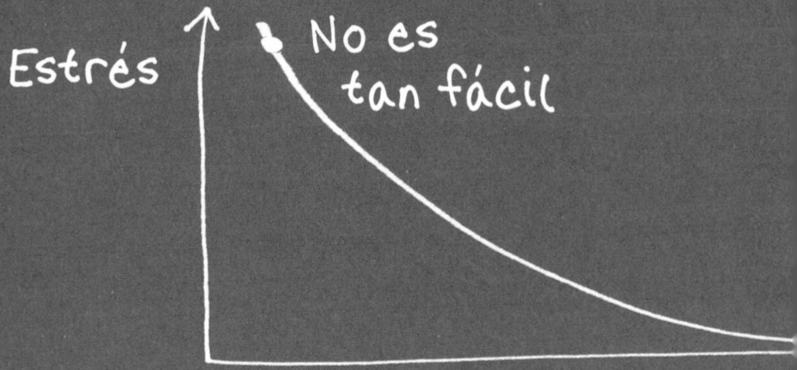
Estrés
No es tan fácil

Lo seguro casi siempre es

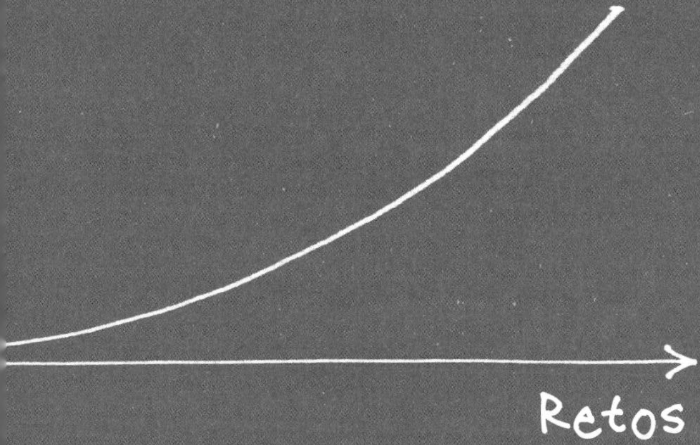
Retos

PELIGROSO

Una vida fácil es como arenas movedizas: antes de que te des cuenta, estás atrapado, no puedes moverte, no puedes respirar, no puedes llegar a donde realmente querías. No ruedes a menos que vayas de bajada en una bicicleta.

SÉ UN

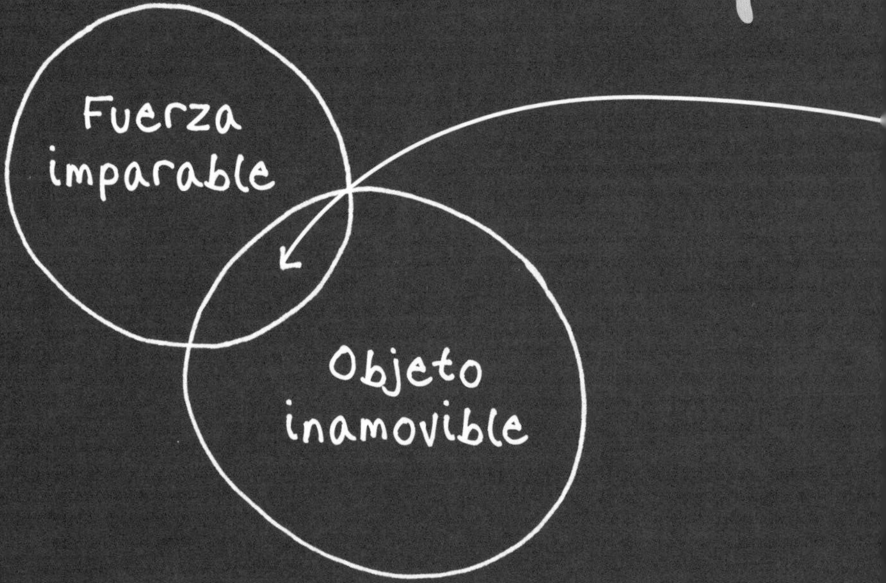
Fuerza imparable
Objeto inamovible

NECIO

Quien logra las cosas

Darse por vencido es aburrido. Frustrarse y seguir arando sin importar todo lo que se requiere, es un poder que sólo aquellos verdaderamente interesantes poseen.

Lobotomiza
las prácticas
culturales
DEMENTES

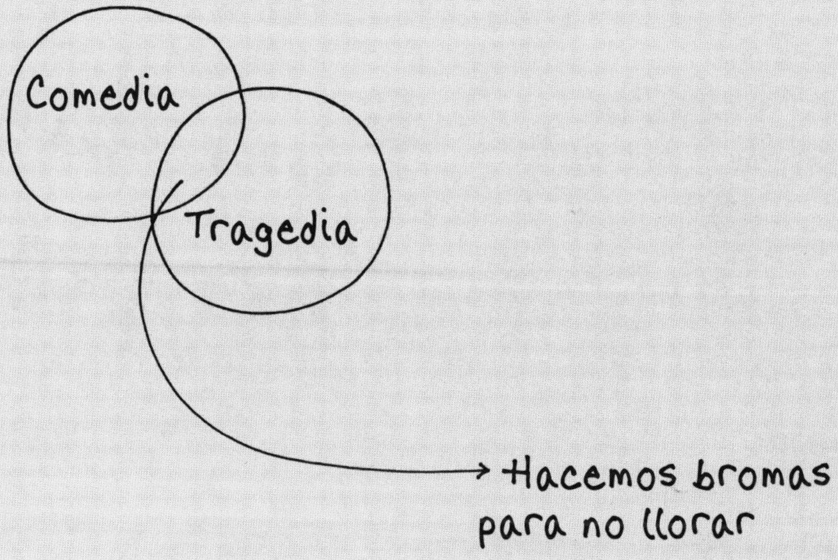
Comedia
Tragedia
Hacemos bromas para no llorar

La sociedad ya ha quemado suficientes brujas. La esclavitud fue legal suficiente tiempo. ¿Qué más necesita ponerse en orden? ¿Qué vas a hacer al respecto?

Pon tus propios

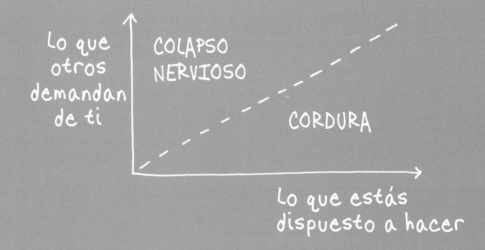

Lo que otros demandan de ti

COLAPSO NERVIOSO

CORDURA

Lo que estás dispuesto a hacer

LÍMITES

De tiempo. De atención.
De dinero. De amor.
Defiende tu territorio
de aquellos que quieren
derrumbar las paredes
que te mantienen sano.

Que te ~~RECHACEN~~ MUCHAS VECES

Éxitos
• Comunicados de prensa
• Historias verdaderas
• Sísifo
Intentos

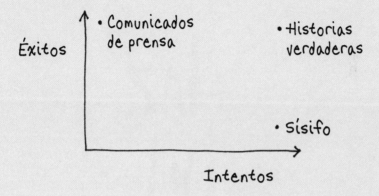

Cuando te expones, muchos te rechazan, te ignoran y te descartan. Pero unos pocos te van a apreciar, a adoptar y a tratar como campeón. Aunque los "no" duelan, sólo los "sí" importan.

HAZ UN DESASTRE

Frustración
Examinación
Alteración
Mejoramiento continuo

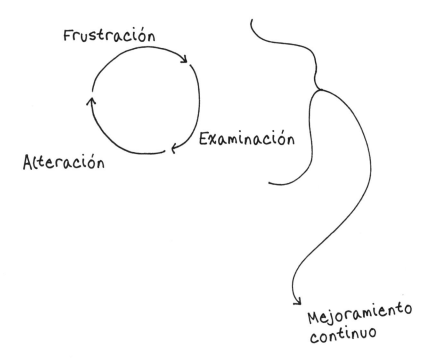

Reacomoda muebles, elementos, ideas y oportunidades. Después junta las piezas de nuevo y dales un orden diferente, mejor. Es hora de poner la creatividad de regreso en la destrucción creativa.

Quéjate

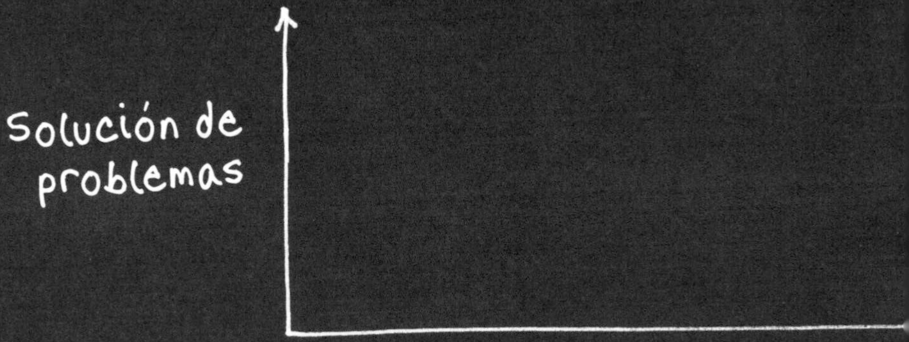
Solución de problemas

Si las cosas no son satisfactorias:

1. Documéntalas
2. Cámbialas

Muy poca gente se preocupa por ese segundo paso.

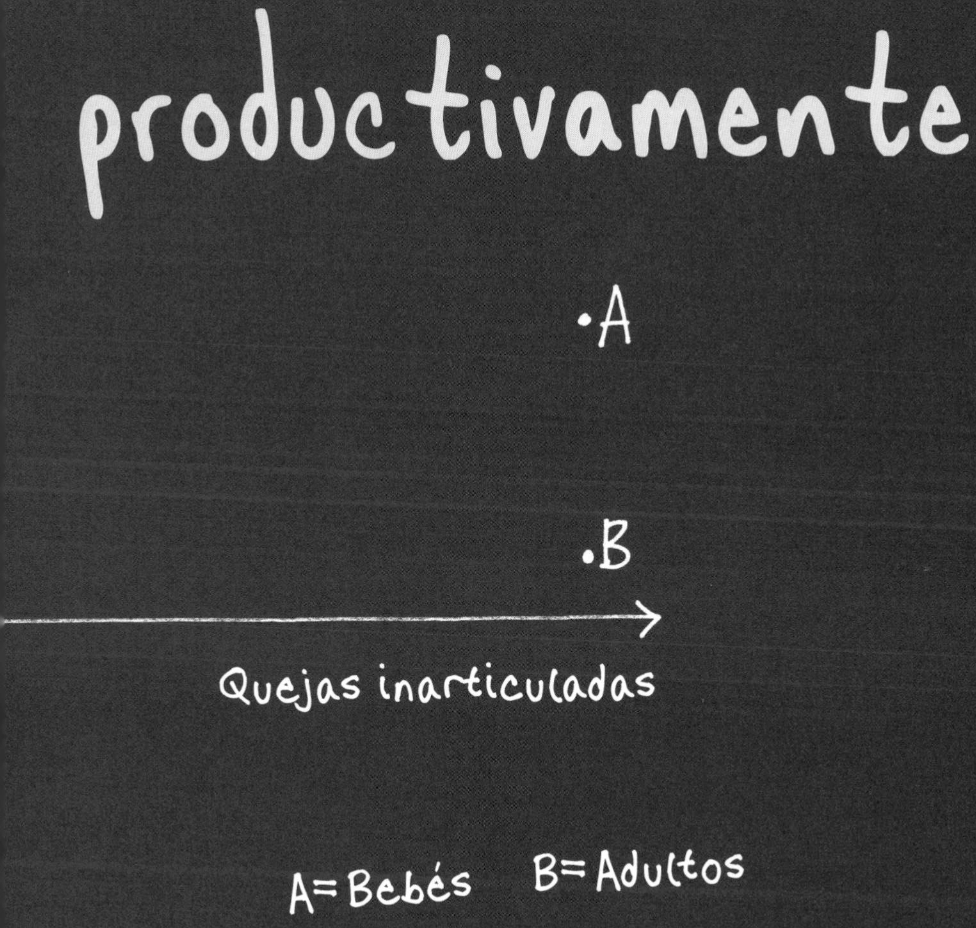

productivamente
•A
•B
Quejas inarticuladas
A= Bebés
B= Adultos

USA PALABRAS AFILADAS

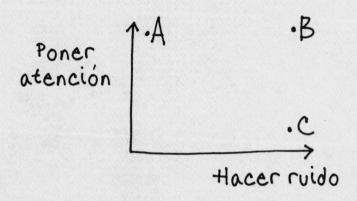

Poner
atención

Hacer ruido

A = Argumento convincente
B = Sirenas y bombas
C = Berrinche

"Tu lengua es un arma que se mantiene afilada con el uso."
—Una persona anónima muy inteligente

Escoge tus palabras inteligentemente.

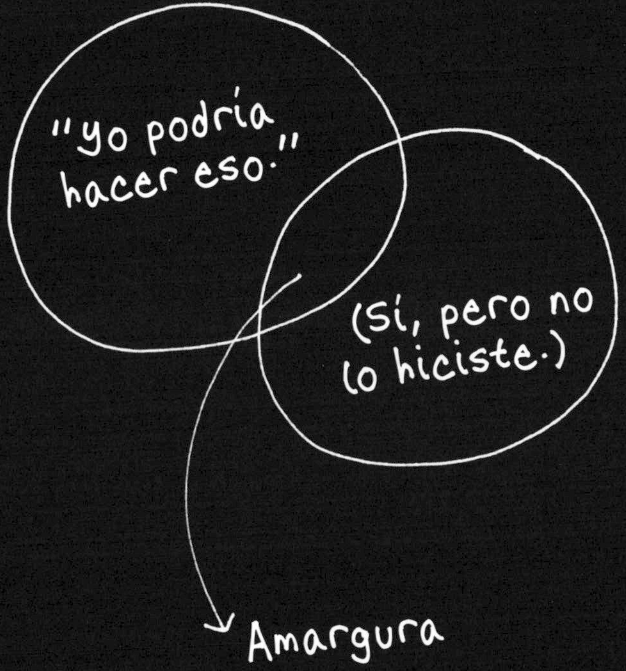
"yo podría hacer eso."
(Sí, pero no lo hiciste.)
Amargura

Paso 10

Ignora a los represores

Lo aburrido es seguro, y los represores te dirán que te comportes. Los represores pudieron y debieron... pero no lo hicieron. Y te tienen resentimiento por vivir aventuras.

DESHAZTE
DE LA CARGA
TÓXICA

Facilidad
para
viajar
Equipaje

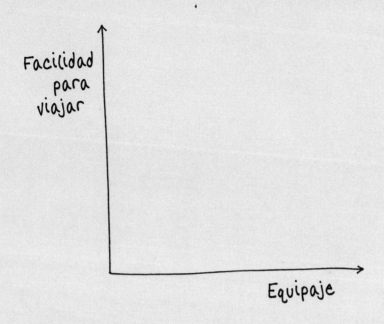

Si tienes malas memorias atadas a lugares, cosas y personas: déjalos ir. Casi inmediatamente te vas a sentir más ligero.

EVITA
A LA
GENTE
QUE TE
HACE
SENTIR
MAL

Pequeño

Repulsivo

Desesperante

Plagas
domésticas
y las
personas
que te
recuerdan

No regreses sus llamadas ni muerdas su anzuelo antagónico. La única forma de ganar su juego, es dejando de jugar. Además, nadie está fascinado por tu constante irritación.

No seas MALO contigo

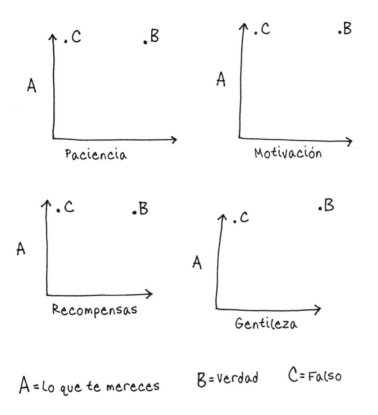

.C
.B
A
Paciencia
.C
.B
A
Motivación
.C
.B
A
Recompensas
.C
.B
A
Gentileza
A = Lo que te mereces
B = Verdad
C = Falso

¿Esa voz insoportable en tu cabeza te decepciona y te desespera? Haz que se calle con acciones que demuestren que está equivocada. Cuidado: Esto puede llevar años.

No TOMES CONSEJOS DE GENTE A QUIEN NO RESPETAS

Respeto
Líder
Jefe
Autoridad
Buenas intenciones
Buenas acciones
Confiable

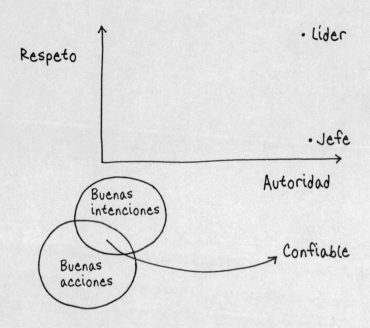

A menos que quieras convertirte en ellos.

Y es obvio que no.

A
Loable
B
C
Memorable

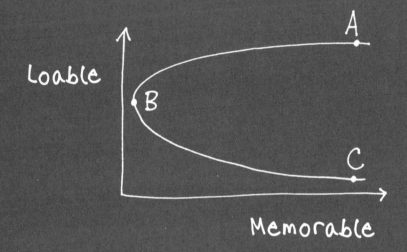

Aprende de

A = Genio

B = Asistencia perfecta

C = Criminal

TODOS los ejemplos

Puedes aprender cómo no vivir si interactúas ocasionalmente con patanes. Puedes aprender cómo vivir si pones atención a la gente que admiras.

Tómalo como investigación conductual.

Perdona

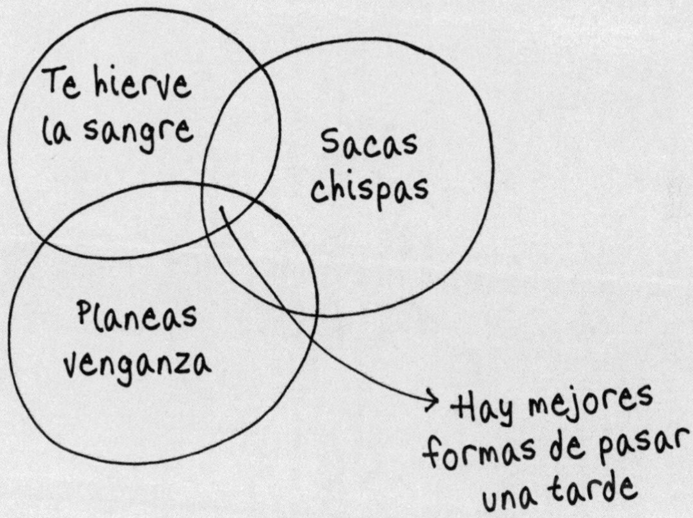
Te hierve la sangre
Sacas chispas
Planeas venganza
Hay mejores formas de pasar una tarde

La mayoría de las personas –hasta las desagradables– están haciendo lo mejor que pueden. Puede que no se merezcan tu amor y admiración, pero tu desprecio los quema a ambos.

Ten miedo del DESTINO INCORRECTO

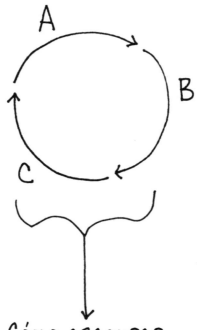

Cómo asegurar
que no logres nada

A = Desea que algo pase
B = Espera a que alguien más te lo dé
C = Maldice la oscuridad

¿Estás esperando una señal? Lo siento, tienes que crear la tuya propia.

No confundas las burlas con críticas

Crítica
De personas
De ideas
Inútiles
Interesantes

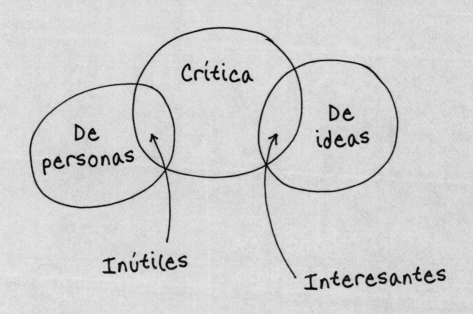

Sólo es constructivo si puedes usarlo para mejorar.

CONFÍA EN TU

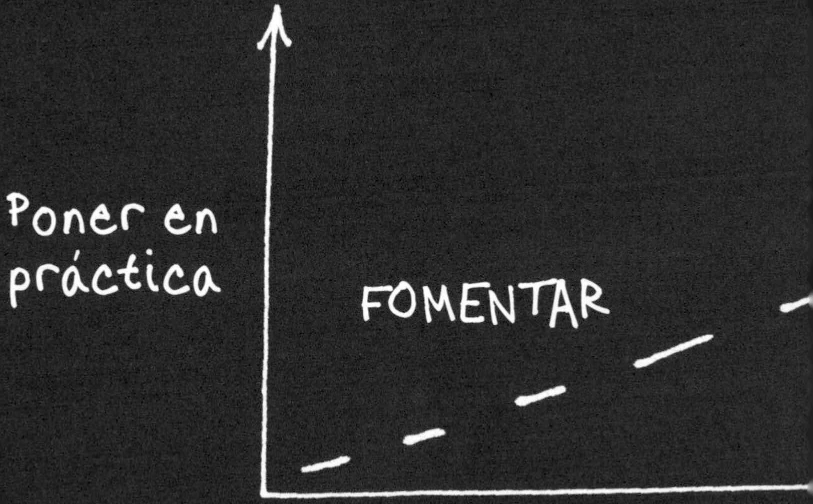
Poner en práctica
FOMENTAR

TALENTO

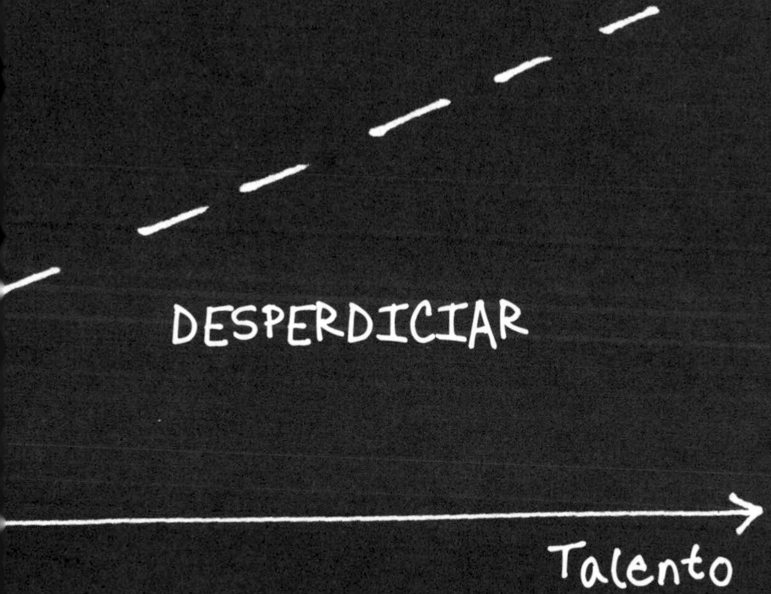
DESPERDICIAR
Talento

Quien te dijo que no eras lo suficientemente (______________) era un imbécil. Y además, estaba equivocado.

Avanza

AGRESIVAMENTE

Prueba de que estás vivo
CICATRICES

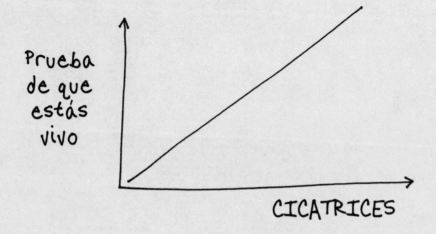

Quizá tu pasado no es perfecto. Quizá fue brutal. Quizá tú fuiste brutal. Tal vez tienes más cicatrices de las que pensaste que un cuerpo podría soportar. No puedes quedarte atorado en esos pensamientos. Te vas a ahogar en ellos.

Después de todo, sólo es una historia interesante si puedes hacer que sea exactamente eso: historia.

Reflexiona acerca

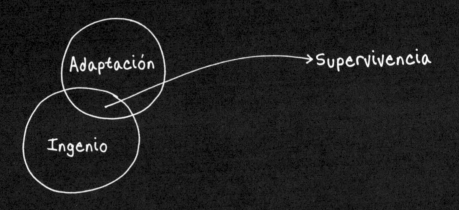

Adaptación

Ingenio

→Supervivencia

El ornitorrinco es una bestia creada con partes
sobrantes. Aun así, sobrevive y es increíblemente
único. No tengas miedo de crear tu propia colección
funcional de valores interesantes.

del ornitorrinco

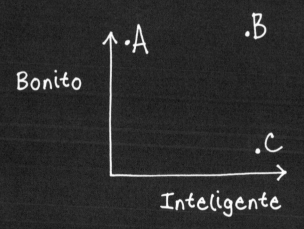

Bonito

Inteligente

·A
·B
·C

A = Devorado por depredarores

B = Más mujeres de las que crees

C = La maniobra de Heimlich

Da oportunidades extras.

ESPECIALMENTE

a ti mismo

No darse por vencido
Derrota
Nunca intentarlo
Muerte

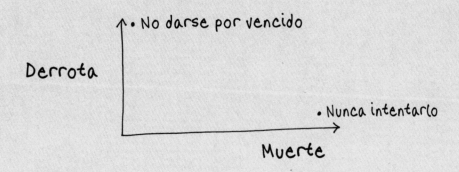

Si no estás muerto, todavía puedes lograr cambiar las cosas.

EN RESUMEN:

Aventurero

Generoso

Activo

Extraño

Solidario

Humilde

Atrevido

Original

Valiente

+   Seguro
_____

Interesante

Cosas
que
puedes
hacer
Gracias,
Internet
Gente que conoces

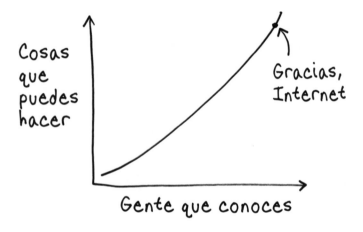

AGRADECIMIENTOS

Agradecimiento, admiración y tinas llenas de bondad para Ted Weinstein, mi súper agente que se ofreció a ayudarme antes de que supiera que lo necesitaba; para Noah Illinsky, porque defiende mi trabajo como si le pagara por hacerlo; para Sunni Brown, mi experta en garabatos y la voz de valentía; para Bruce Tracy, mi sabio y gentil editor por trabajar con el corazón; y para el equipo entero de Forbes, por la oportunidad de compartir mi trabajo en una plataforma tan amplia. Soy indecentemente afortunada de trabajar con todos ustedes.

Observar
• Pasivo
• Interesante
• Distraído
Vivir

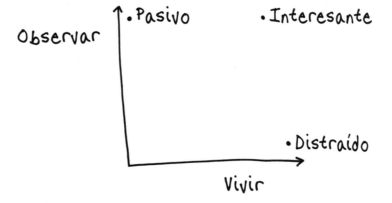

Cómo ser Interesante

Esta obra se terminó de imprimir en Febrero de 2014
en los talleres de Impresora Tauro S.A. de C.V.
Plutarco Elías Calles No. 396 Col. Los Reyes.
Delg. Iztacalco C.P. 08620. Tel: 55 90 02 55